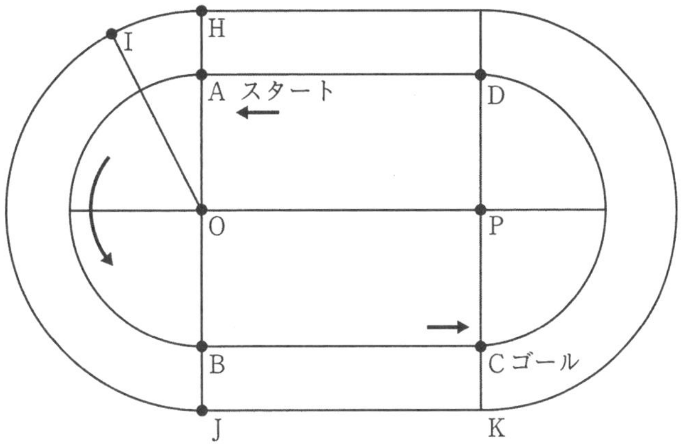

図２：トラック全体図

図１：スタート位置

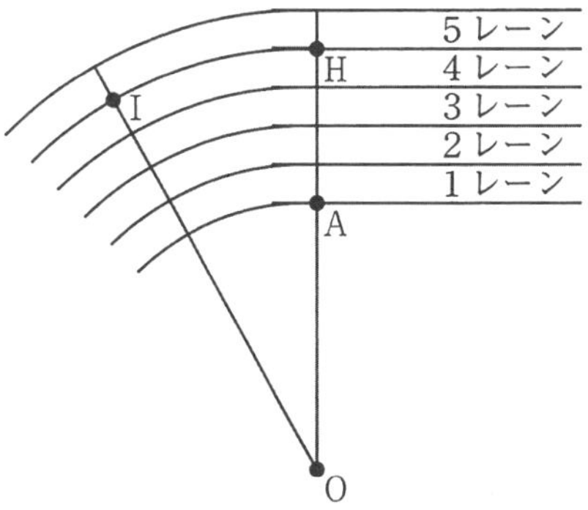

図３：スタート位置とレーンの幅

〈レーンの決定〉
100 m から800 m まで，または４×400 m までのリレー競走で複数のラウンドが行われる場合は，そのレーン順は下記によって決める。（中略）競技者はつぎのようにランク付けされた三つのグループに分けて抽選される。上位グループ４名（または４チーム）が３，４，５，６レーンを，それに続く５・６番目の中位グループ２人（または２チーム）が７，８レーンを，下位グループ２人（または２チーム）が１，２レーンを抽選する。

参考資料：日本陸上競技連盟競技規則／第３部　トラック競技　257頁・258頁

Yさん：そういえばそうだったね。そうすると弧HIは［エ］［オ］mにしたいし，

OA＝［ア］［イ］(m)，AH＝［ウ］(m)だったから，∠HOI＝［カ］［キ］°にすればいいことが分かるね。

Xさん：これで5レーンの人のスタート位置が計算できたね。

Yさん：残りのレーンのスタート位置も同様に計算していけば求められそうだね。

Xさん：最初は，8レーンの人が優勢に見えたけど，計算してみるとちゃんと距離は等しくなるように定められていたね。

Yさん：でも実は，陸上競技の公式ルール内にこんな記述もあるんだよ。(参考資料)

Yさん：つまり予選タイムの上位4名が決勝では3，4，5，6レーンから抽選し，中位2名が7，8レーンから抽選し，下位2名が1，2レーンから抽選するっていうことだよ。

Xさん：なんでそんなルールがあるのかな。距離は平等だということがさっき確認できたから，レーンによって距離の優位差はないはずなのに…。なぜ3，4，5，6レーンの方が1，2レーンよりも優勢であると判断されているのかな。何か距離以外の理由があるのかな。

Yさん：その理由は，［ク］だよ。

Xさん：そういうことなんだね。普段あまりレーンのことを考えることはないけど，このように考えてみると様々なことが考慮されているんだね。

(1)　［ア］～［キ］にあてはまる数字をマークしなさい。

(2)　［ク］に入る文章として適切なものを選び記号で答えなさい。以下の選択肢の文中にある曲率とは，曲線の曲がり具合を表わす量であり，曲率が小さければ小さいほど曲がり具合は緩やかになり，大きければ大きいほど曲がり具合は急になる。また，半径rのおうぎ形の弧の曲率は$\frac{1}{r}$で計算することができる。

⓪ 5レーンの方が1レーンよりも半径が小さいおうぎ形の弧の上を走っているため，曲率が小さくなり曲線の曲がり具合が緩やかになるから

① 5レーンの方が1レーンよりも半径が大きいおうぎ形の弧の上を走っているため，曲率が小さくなり曲線の曲がり具合が緩やかになるから

② 5レーンの方が1レーンよりも半径が小さいおうぎ形の弧の上を走っているため，曲率が大きくなり曲線の曲がり具合が急になるから

③ 5レーンの方が1レーンよりも半径が大きいおうぎ形の弧の上を走っているため，曲率が大きくなり曲線の曲がり具合が急になるから

5　陸上競技の200m走をテレビで観ていたXさんとYさんが走者のスタート位置について話し合っている。

二人の会話文を読み，次の問いに答えなさい。

なお，問題文中に［ア］，［イ］などが2度以上現れる場合，原則として2度目以降は，［ア］，［イ］のように細枠で表記します。

Xさん：1レーンから8レーンまで選手が並んだときのスタート位置が全員バラバラだね。(図1)学校の授業で50m走をしたときは，スタート位置が全員横並びで，直線を走るから平等だけど，このスタート位置だと1レーンの選手より8レーンの選手がゴールの近くにいるように見えるから8レーンの選手が優勢に見えるね。

Yさん：見た目はそう見えるけど，そんなことはないんじゃないかな。もしそんなことがあれば平等じゃないしね。たぶん1レーンから8レーンのどこを走っても距離は平等になるように計算されているんじゃないかな。

Xさん：確かにそうだね。じゃあ，トラックを簡略化して考えてみようよ。(図2・図3)

Yさん：確か，トラックの1周は400mで，トラックの直線部分はそれぞれ80mだと聞いたことがあるから，AD = BC = 80（m）でいいね。今回は計算を簡単にしたいから，円周率$\pi = 3.0$で計算していこう。

Xさん：残りの弧ABや弧CDは，それぞれ点Oや点Pを中心とし，線分ABや線分CDを直径に持つ半円を使って作図されているから，OA = OB = PC = PD =［ア］［イ］(m)だと分かるね。

Yさん：今度はレーンの幅を確認していくと，レーン幅は1.25mだから点Aと点Hは，［ウ］m離れているね。そうすると，1レーンの人が点Aからスタートするとすれば，点Aから点B（弧AB上）を通り点Cまではちょうど200mだね。

Xさん：じゃあ，もし5レーンの人が1レーンの人と横並びでスタートしたとすると，5レーンの人は，点Hから点J（弧HJ上）を通り点Kまで走ることになるね。そうすると，5レーンの人は，1レーンの人よりも，［エ］［オ］mも多く走ることになるね。

Yさん：［エ］［オ］mも多く走ることになるならば，5レーンの人は，［エ］［オ］m前からスタートしないと平等ではないね。でも，点Hから，［エ］［オ］m前に進んだ点を点Iとしたいんだけど，点Hから点Iの間は曲線になっているから，［エ］［オ］mを測るのは難しいね。どうやって測っているんだろう。

Xさん：数学の授業で，おうぎ形の中心角と弧には関係があるってことを学んだよね。それを使ったら作図できるんじゃないかな。

4　下の図は，ある多面体の展開図である。この多面体は，1 辺の長さが $\sqrt{2}$ cm の正三角形 8 個と，1 辺の長さが $\sqrt{2}$ cm の正八角形 6 個からできている。この展開図を組み立てたときにできる多面体について，次の問いに答えなさい。

(1)　面 A と隣り合う面が面①以外に 2 個ある。該当する面は，面 $\boxed{\text{ア}}$ と面 $\boxed{\text{イ}}$ である。

(2)　この多面体の体積は，$\dfrac{\boxed{\text{ウ}}\boxed{\text{エ}}}{\boxed{\text{オ}}} + \boxed{\text{カ}}\boxed{\text{キ}}\sqrt{\boxed{\text{ク}}}$ cm^3 である。

計算過程において必要ならば，$(a+b)^3 = a^3 + 3a^2b + 3ab^2 + b^3$ を利用してもよい。

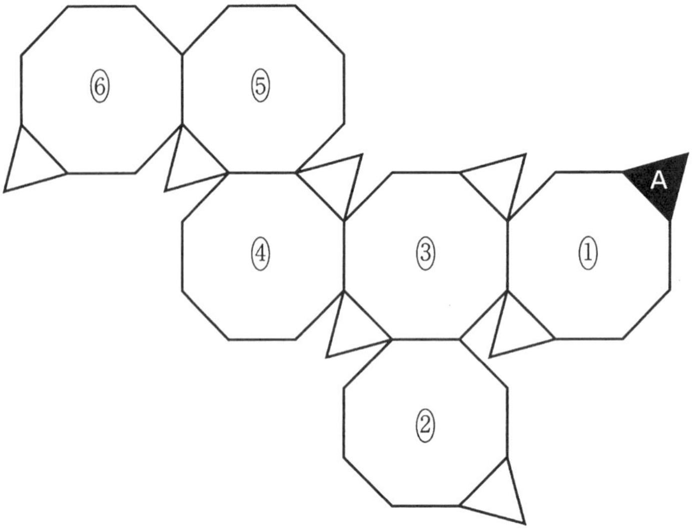

令和３年度　名城大学附属高等学校　一般入学試験　問題

第２時限　　国　語　(40分)

注　　意

1　この試験は全問マークシート方式です。次の説明文を読み、まちがいのないように記入しなさい。

①　解答用紙にマークをするには、ＨＢまたはＢの黒鉛筆を使用しなさい。
②　監督者の指示で、解答用紙の氏名欄に漢字で名前を書き、フリガナをカタカナでつけなさい。
③　次に、受験番号を記入し、その下の欄に、右の例にならって正確にマークしなさい。
④　「開始」の指示で、解答を始めなさい。
⑤　問題用紙は１ページから15ページまであります。
⑥　問題は１から２まであります。
　解答番号は 1 から 34 まであります。解答記入欄をまちがえないように、例にならって正確にマークしなさい。
⑦　訂正するときは、プラスチック製消しゴムでていねいに消し、消しくずをシート上に残さないこと。
⑧　所定の記入欄以外には、何も記入しないこと。
⑨　解答用紙をよごしたり折りまげたりしないこと。
　解答用紙がよごれていたり、折り目があったりしたときは、試験の監督者に申し出なさい。

2　問題の内容についての質問には応じません。
　印刷の文字が不鮮明なときは、静かに手をあげ、試験の監督者に聞きなさい。

3　答案を書き終わった人は、解答用紙を裏返しにして置きなさい。

4　「終了」の指示で、書くことをやめ、解答用紙と問題用紙を別々にして机の上に置きなさい。
（問題用紙は持ち帰ってください。）

例

氏名欄の記入例

フリガナ	メイジョウ　タロウ
氏　名	名　城　　太　郎

受験番号の記入例
「10310」
の場合⇨

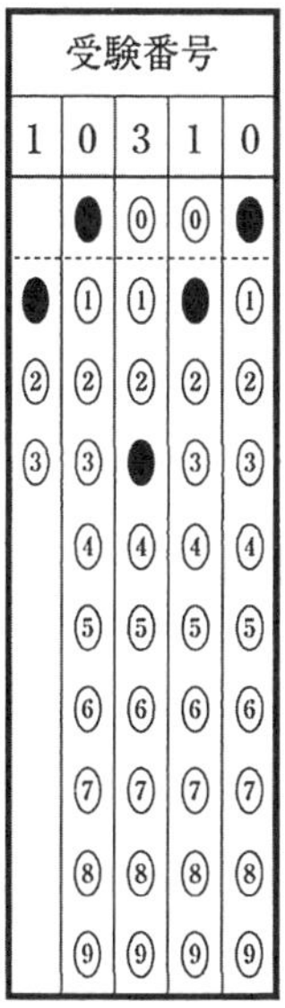

マーク記入の例⇨

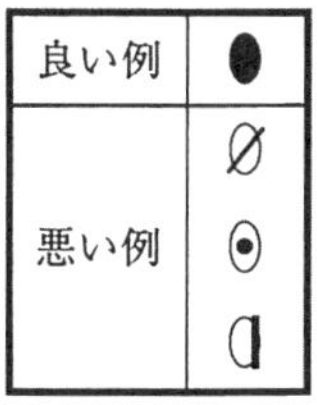

1 次の文章を読んで後の問いに答えなさい。なお、本文の上の数字は形式段落を表します。

1 ぼく自身は、自分に関わりのない世界がこんなにもたくさんあると思いたくないために、いつも必要以上、能力以上の本を買ってしまう。文学を研究しているのに、現代思想や社会科学の分野の本をたくさん買う。ぼくならこれも読める、あれも読めると思ってしまうのである。いや、「思いたい」と言ったほうが正確かもしれない。ぼくの場合、本という鏡に映った自分はいつも等身大の自分よりも a ヒダイしているようだ。それは、自分自身に対する見栄のようなものかもしれない。

2 A 年間の本代が二百万円とか三百万円とか書いたりするのも（もちろん事実だが、人文系の研究者にとってはわざわざ書くほどの額でもない）、自分を i 鼓舞《こぶ》する気持ちがあるのかもしれない。以前はこれだけの本を全部読むのかと、妻に聞かれたものだ。いまでも、学生はそういう質問をする。そういうときには「本を買うのは趣味で、読むのが仕事だが、いまは趣味が高じている段階である」と答えることにしている。見栄を張るのにもいろいろ ii 屁理屈《へりくつ》がいるのである。

3 それでも、この見栄がなくなったらぼくは教師としても、研究者としても終わりだと思っている。b チョクシするには、等身大の自分はあまりに貧弱すぎる。だから、本を買う。専門外の本を買って、自分はこれだけ世界が広いと、自分自身に見栄を張るのである。

4 これは大学生の時から変わらない。ぼくが大学生の時には、図書館の本には裏表紙に貸し出し用のカードが付いていていて、本を借りるときにはそれに名前を書き込む仕組みになっていた。そこで、ぼくはわかりもしないギリシャ哲学あたりから手当たり次第に借りまくって、ろくに読みもしないで返却していた。友人が引っかかって、「お前、あんな本まで読んでるのかよ」と驚いていた。知的な見栄を張るのは、青年の特権でもあり、義務でもある。

5 この年になればまさかそんなことはしないが、その代わりに自分自身に見栄を張るようになったわけだ。それは、ぼく自身の精神的な若さへの憧《あこが》れでもある。若いということは、いまの自分に満足していないということでなければならない。いまの自分に満足している若者は現実にへたり込んだ精神的な「 X 」である。精神的な「 Y 」は、いつもいまの自分に不満を抱えている。だから、理想の自分へ「成長」しようともがくのである。それは少しもみっともない姿ではない。「大人」はそういう「 Z 」を温かく見守るものだ。

6 映画でも、アニメでも、ドラマでも、音楽でも、絵画でも、それらを前にしてぼくたちの心はこれだけ c フクザツな働きはしないのではないだろうか。誤解のないように言っておくと、これは本がこれらのメディアよりもすぐれているという意味で言っているのではない。本はこれらとは何かが違うと言いたいだけなのである。

7 本には何かはよくわからないが、そして実際に読んでもわからないかもしれないのに、自分が知らなければならないこと、わかっておかなければならないことが書いてあると、あなたは思っているはずだ。本は自分を映す鏡だと考えれば、それはこうありたいと願っている未来形の自分ということになる。 I 、いまよりは成長した自分である。

8 そういうあなたが読む限り、本はいつも新しい。現実には、未来に書かれた本はない。本はいつも過去に書かれている。当たり前の話である。[Ⅱ]、本の中に未来形の自分を探したいと願う人がいる限り、本はいつも未来からやってくる。そのとき、本には未知の内容が書かれてあって、そこにはそうありたい自分が映し出されている。これは、理想の自己発見のための読書、未来形の読書と呼べそうだ。B古典を新しいと感じることがあるのは、そのためなのだ。本はそれを読む人の鏡なのだから、その人が読みたいように姿を変えるのである。【1】

9 だからこそ、「本を読みなさい」という言葉はいかにもC学校空間的なお説教に聞こえてしまうことにもなる。学校空間は成長物語が好きだから、読書にもそれを求めてしまうのだ。そろそろテレビを切り上げて勉強しようかなと思ったまさにそのときに「勉強しなさい！」と言われてしまう経験をしたことがあるのではないだろうか。ものすごくイライラして、勉強する気がなくなってしまうものだ。あれに似ている。

10 そこで、読書の時間だけを決めてどんな本でも読んでいいことにすると、あなたは喜んで本を読むかもしれない。しかし、読む本を決めて読書をdキョウセイされると、あなたはイライラするだろう。それは、読む本を決めて読書をキョウセイすることは、こういう自分になりなさいと未来形のあなたを学校空間が決めることだからだ。だれでも未来の自分は自分自身で決めたいと思っている。そこまで学校空間に縛《しば》られたくはないと思っている。[Ⅲ]、イライラするのだ。

11 それでも、推薦してくれた本を読んでよかったと思うことがある。それは、推薦してくれた先生と信頼関係ができている場合ではないだろうか。つまり、あなたはその先生にあなたの未来の一部を預けてもいいと考えたのである。信頼するということは、相手に未来を預けることだ。では、過去形の信頼はあるだろうか。信頼する人に自分の秘められた「過去」を話すことがある。しかし、それは過去に戻りたいからではなくて、よりよい未来を生きたいからにちがいない。信頼は常に未来形をしている。【2】

12 本を読むことについて考えていくと、D信頼するということがどういうことなのかということまで見えてくる。さてそうすると、自分自身に見栄を張っているぼくはいったい誰を信頼しているのだろうか。

13 ここで、先に放り出したまま次に進んでしまった文章に戻ってみよう。それは〈「読めばわかる」と思うからその本を買う〉という文章である。

14 知らないことが書いてありそうな本を、そしてまだぱらぱらと拾い読みした程度Pの本を「読めばわかる」Qと判断できるのはどうしてだろうか。具体的には、本のタイトル、著者名、帯の宣伝文句、新聞の書評、アマゾン〔注1〕のレビュー〔注2〕、友達からの口コミ、本屋さんのポップ（「今年一番泣ける本！」みたいに平積みにしてある本のところR に立ててある広告）、本屋さんSでのその本の扱い（いかにも「いま売れてるぞ！」という風に目立つところにドカッと平積みしてあるのか、いかにも売れ残り風に片隅の本棚に差してあるのか）、小説や評論やエッセイといった本のジャンル[T]などなど、こうした本をめぐる情報を判断材料にしている可能性がある。本をめぐるさまざまな情報のことを専門用語では、パラテクストという。パラテクストは本を読むときの参考や手助けにもなるし、先入観にもなる。

15 ぼくたちが本を手に取るときには、すでにそういうパラテクストに触れてしまっている場合が多い。しかし、本屋さんでまったくはじめて出会う場合もある。そのときには、ぱらぱらめくったページを拾い読みして、適度に知っていることやわかっていることが書いてあれば、買おうと思うだろう。このことを逆から言えば、適度に知らないことやわからないことが書いてあれば買おうとなるはずだが、「知らない」、「わからない」という否定的な感じを持ったときにはたぶん買わない人が多いにちがいない。どうしてだろうか。

16 それは、ぼくたちが本によって自分を肯定してほしいと思っているからではないだろうか。言い方を変えれば、ぼくたちは本によって自己確認をしたいと思っているし、もっと言えば、本によって自分の知っていることや考えていることを権威付けしてもらいたいと、どこかで思っているからではないだろうか。ベストセラーになるような本には「どうしてこんな当たり前のことしか書かれていない本が百万部も売れるのだろう」と疑問に思わせられるものがある。それは、こういう心理によるものにちがいない。「読めばわかる」と思うからその本を買うという心理は、いくぶんかはこういう要素を含んでいるのだろう。【3】

17 自己肯定の欲望は、人が社会の荒波の中で生きていくためには是非《ぜひ》必要なものだから、これは決して悪いことではない。自分がどこかで誰かに認められていると感じることは、大切なことだ。しかし、いつまでもそこでとどまっていては本を読むもう一つの楽しみはやってこない。その楽しみとは、新しい自分を発見することである。そう、未来形の自分を発見することである。それは成長することだった。【4】

18 だからこそ、[E]学校では未来形の自己肯定を促す読書が奨励されるのである。読書感想文の語り方がそれを象徴している。「ぼくはこの本を読むまでこういうことを知りませんでしたが、これからは自分からこういうことをやろうと思います」とかなんとか、読書感想文にはお決まりの書き方がある。本を読んで成長したと書けば、〈はなまる〉が貰《もら》えるわけだ。繰り返すが、学校空間は成長物語が好きだから、あるいは子供を成長させるのが学校空間の仕事だから、読書感想文にまでそれを求めるのである。これは、皮肉ではない。成長を求めない学校空間は、ふつうはない。【5】

19 この事実は、ぼくたちがともするとふだんは自己確認の読書に[e]カタムきがちなことを[iii]雄弁《ゆうべん》に物語っている。なぜなら、自分の知らない世界を覗《のぞ》いてそれまでの自分を否定されるような強烈な体験をするよりも、いまある自分をそのまま肯定してもらう方がぼくたちには心地良いからだ。そういう自己確認のための読書とは違った読書を行うから、教育になるのである。ふだんは自己確認のための読書、学校空間では理想の自分のための読書である。本の代価は、自己確認のための保証金であったり、未来形の自分への投資であったりするわけだ。

（石原千秋『未来形の読書術』ちくまプリマー新書）

〔注〕 1 「アマゾン」… 一九九五年創業の米アマゾン・ドット・コム社が運営する、世界最大級のインターネット通販サイト。

2 「レビュー」… 実際に商品を購入・使用した人の評価。

問1 二重傍線部a～eと同じ漢字を含むものを、①～⑤の中からそれぞれ一つずつ選び、その番号をマークしなさい。解答番号はaが 1 、bが 2 、cが 3 、dが 4 、eが 5 です。

a ヒダイ

① 大きなヒメイをあげる。
② 素直に自分のヒを認める。
③ 九月にヒナン訓練が行われる。
④ 植木にヒリョウを与える。
⑤ 建設ヒヨウを負担する。

b チョクシ

① ビヨウシの資格を取得する。
② シチョウカク室を利用する。
③ 大臣のシシャを務める。
④ 間違いをシテキする。
⑤ 重要なシセキを訪ねる。

c　フクザツ

① 駅伝には往路とフクロがある。
② フクシンの部下に出会う。
③ フクショク科に進学する。
④ 彼はフクミミをしている。
⑤ チョウフクした選択肢。

d　キョウセイ

① 法律のセイテイに携わる。
② 試合に向けてエンセイに行く。
③ セイコンを込めた作品作り。
④ ようやくセイヒン化に成功する。
⑤ 最後まで自分のセイギを貫く。

e　カタムき

① 上司にはケイフクするしかない。
② 将来はケイカンを志している。
③ 家にケイタイ電話を忘れて出かけた。
④ 所有する山のケイシャ角を測る。
⑤ 同じケイトウの人物が集まった。

問2　二重傍線部ⅰ～ⅲの本文中における意味として最も適当なものを、①～⑤の中からそれぞれ一つずつ選び、その番号をマークしなさい。
解答番号はⅰが 6 、ⅱが 7 、ⅲが 8 です。

ⅰ　鼓舞する

① 人を舞い上がらせること
② 人の欲をかき立てること
③ 人の気持ちをふるい立たせること
④ 人に期待をかけること
⑤ 人に活力を与えること

ⅱ　屁理屈

① 意味のないうそを含む理屈
② 道理に合わない勝手な理屈
③ 少しの言い訳を含んだ理屈
④ 人を困らせるための理屈
⑤ 正論として認められている理屈

ⅲ　雄弁に物語っている

① 余裕が表情に表れている
② 力強く権利を主張している
③ うそを事実のように見せている
④ 勝利の確信が顔に出ている
⑤ 事実を十分に示している

問3 次の一文は、本文中の【1】～【5】のいずれかに入ります。最も適当な箇所を、①～⑤の中から選び、その番号をマークしなさい。

解答番号は [9] です。

> （脱落文） これは、自己確認のための読書、過去形の読書と呼べそうだ。

① 【1】　② 【2】　③ 【3】
④ 【4】　⑤ 【5】

問4 傍線部A「年間の本代が二百万円とか三百万円とか書いたりする」とありますが、それはなぜですか。その説明として最も適当なものを、①～⑤の中から選び、その番号をマークしなさい。

解答番号は [10] です。

① 興味や関心が広いと自分自身に思い込ませるため。
② 現代思想や社会科学の分野も詳しく知りたいため。
③ たくさんの本を読んだという達成感を味わうため。
④ 買った以上は読もうという気を起こさせるため。
⑤ 自分に読めない本はないことを人々に知らせるため。

問5 空欄X～Zには「老人」、もしくは「若者」という言葉が入ります。「若者」という言葉が入る空欄の組み合わせとして最も適当なものを、①～⑥の中から選び、その番号をマークしなさい。

解答番号は [11] です。

① 空欄X　と　空欄Y
② 空欄X　と　空欄Z
③ 空欄Y　と　空欄Z
④ 空欄X
⑤ 空欄Y
⑥ 空欄Z

問6 空欄Ⅰ～Ⅲに入る言葉を、①～⑥の中からそれぞれ一つずつ選び、その番号をマークしなさい。ただし、同じ番号を二度選ぶことはできません。

解答番号はⅠが [12]、Ⅱが [13]、Ⅲが [14] です。

① たしかに　② しかし　③ やはり　④ だから
⑤ つまり　⑥ また

問7　傍線部B「古典を新しいと感じることがある」とありますが、それはなぜですか。その説明として最も適当なものを、①～⑤の中から選び、その番号をマークしなさい。
解答番号は 15 です。

① 過去に書かれた本の中に、未来の自分を探すから。
② 過去に書かれてはいるが、その時の最先端だったから。
③ 未来の自分を探すのに、過去がどうであろうと関係ないから。
④ 書かれたのは過去であっても、それは今に関係ないから。
⑤ 本を読んで何を感じるかは、読者にゆだねられているから。

問8　傍線部C「学校空間的なお説教」とありますが、その具体的な例として**間違っているもの**を、①～⑥の中から**二つ選び**、それぞれの番号をマークしなさい。解答の順序は問いません。
解答番号は 16 、 17 です。

① 分からない単語は辞書を引きなさい。
② 苦手な野菜も食べなさい。
③ 好きな科目を勉強しなさい。
④ 自分の力でやりとげなさい。
⑤ あきらめずに何度も取り組みなさい。
⑥ 今日はかさを持って出かけなさい。

問9　傍線部D「信頼するということがどういうことなのかということまで見えてくる」とありますが、筆者は「信頼するということ」をどのように考えているのですか。最も適当なものを、①～⑤の中から選び、その番号をマークしなさい。
解答番号は 18 です。

① 過去の話をすることでよりよい未来を生きられるようになるので、その話ができる相手を探すこと。
② よりよい未来を生きるために、時には過去の秘めた話をするなどして、相手に自分の未来を託すこと。
③ 自分の未来について何もかも任すことができる相手を探し、お互いに依存し合うこと。
④ 自分では選択しきれない未来のことを、代わりとなって相手に決定してもらうこと。
⑤ 自分の未来を任すことができる相手を探し、お互いに未来の自分像を求めていくこと。

問10 波線部P〜Tの文法の説明として**間違っているもの**を、①〜⑤の中から選び、その番号をマークしなさい。

解答番号は 19 です。

① P「の」は、体言や連体形に接続する格助詞

② Q「と」は、引用を表す格助詞

③ R「に」は、場所を表す格助詞

④ S「で」は、動作作用を表す接続助詞

⑤ T「など」は、例示を表す副助詞

問11 傍線部E「未来形の自己肯定を促す読書が奨励される」とありますが、その理由として最も適当なものを、①〜⑤の中から選び、その番号をマークしなさい。

解答番号は 20 です。

① 過去にこだわるのではなく未来のことを考えさせるのが学校空間であり、読書を通してそれを目指すから。

② 学校は何ができて何ができないかをはっきりさせることを目的とした空間であり、その目的が読書と重なるから。

③ 将来どんな人間になりたいかを決めさせるのが学校空間のねらいであり、読書はその方法の一つであるから。

④ できなかったことができるようになることを目指す空間が学

⑤ 学校空間は未来の自分を肯定させることを目指しており、それには読書が最も有効であると分かっているから。

問12 次に示すのは、本文を読んだ中学生が、表現や構成について話し合っている場面です。正確に読みとっている意見を、①〜⑥の中から**二つ選び**、それぞれその番号をマークしなさい。解答の順序は問いません。

解答番号は 21 、 22 です。

① 生徒Ａ：この話の内容は、まず第七段落の終わりまでで一度内容が変わるね。ここまでは、「読書」と自分の関わりについて述べていて、とにかく筆者の本に対する思いが伝わってくるよ。

② 生徒Ｂ：第四段落では筆者の大学生の時のエピソードが述べられていて、昔からたくさんの本を、しかも自分の専門以外のジャンルの本も読もうとしていたことが分かるね。

③ 生徒Ｃ：第九段落からは、学校での読書の話が始まるよ。多くの人にその経験があると思うから、これまでの話よりもさらに、読者が自分のことと重ねて読めるような進め方になっているね。

3 次のⅠ～Ⅲについて答えなさい。

太郎さん，花子さん，先生が化学の実験をしようとしたところ，５本の薬品びんのラベルがはがれてしまい，それぞれ区別ができなくなってしまいました。

Ⅰ～Ⅲは，薬品の区別をするための会話です。

ただし，５本の薬品びんの薬品をそれぞれA，B，C，D，Eとします。

Ⅰ

太郎：ラベルがはがれてしまった薬品びんの中身は，すべて白い粉末状のものでした。これでは見分けがつきません。

花子：はがれたラベルは塩化ナトリウム，ブドウ糖，硝酸カリウム，デンプン，炭酸水素ナトリウムの５枚です。なめて味を確かめたらわかるかもしれません。

先生：それは危険なので絶対にやめましょう。これらを見分ける実験方法はないですか。

太郎：少量のA～Eをそれぞれ燃焼さじに入れてガスバーナーで加熱すると区別ができると思います。

問１　ガスバーナーの(ア)～(オ)の使い方の手順を正しく並び替えたものはどれですか。①～⑤の中から，最も適当なものを選び，その番号をマークしなさい。ただし，調節ねじA，Bはともに閉まっていることを確認した後とします。

解答番号は **16** です。

（ア）　マッチの火を近づける。

（イ）　ガスの元栓を開く。

（ウ）　調節ねじAをゆるめる。

（エ）　調節ねじBをゆるめる。

（オ）　コックを開く。

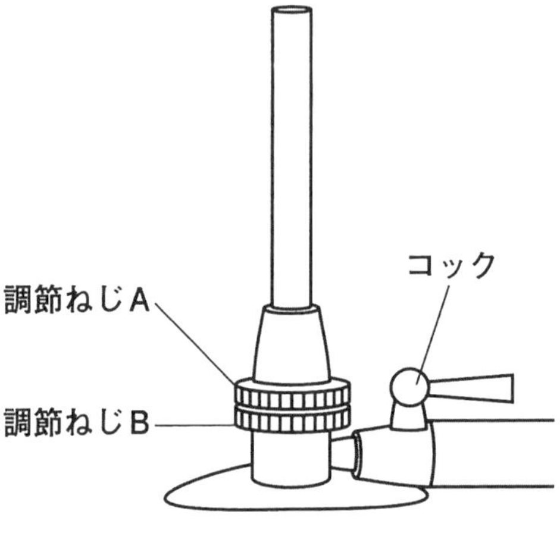

図１　ガスバーナーの模式図

①　（イ）→（オ）→（ウ）→（エ）→（ア）

②　（オ）→（イ）→（ウ）→（ア）→（エ）

③　（ア）→（イ）→（オ）→（エ）→（ウ）

④　（ウ）→（エ）→（イ）→（オ）→（ア）

⑤　（イ）→（オ）→（ア）→（エ）→（ウ）

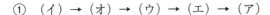

Ⅱ

先生：少量のＡ～Ｅをそれぞれ燃焼さじに入れて加熱すると，ＡとＤはよく燃えましたが，Ｂ，Ｃ，Ｅは燃えませんでした。また，燃えている２つを集気びんに入れ，火が消えた後に石灰水を入れると白くにごりました。このことから何がわかりますか。

花子：石灰水が白くにごったことから，燃焼して二酸化炭素が発生していると考えられるので，ＡとＤはどちらも有機物であるといえます。つまり，ＡとＤはブドウ糖かデンプンのどちらかです。

先生：そうですね。ではこの２つを見分けるにはどうしたらいいでしょうか。

問２　ＡとＤを区別するための実験方法と結果として正しいものはどれですか。①～⑤の中から，最も適当なものを選び，その番号をマークしなさい。

解答番号は［17］です。

①　それぞれを水に溶かしてフェノールフタレイン溶液を加えたとき，赤色になる方がブドウ糖，色が変わらない方がデンプンである。

②　ヨウ素液を入れると青紫色になる方がブドウ糖，変化しないほうがデンプンである。

③　それぞれを水に溶かして青色リトマス紙に付けたとき，赤くなる方がブドウ糖，色が変わらない方がデンプンである。

④　それぞれを水に溶かしてBTB溶液を加えたとき，黄色になる方がブドウ糖，青色になる方がデンプンである。

⑤　それぞれを水に溶かしてベネジクト液を加えて加熱したとき，赤褐色の沈殿が生じる方がブドウ糖，変化がない方がデンプンである。

Ⅲ

先生：残りのB，C，Eも決めなければいけません。どうしたら区別できると思いますか。

太郎：炭酸水素ナトリウムの熱分解を以前に学習しました。加熱した後にみられる物質を調べれば区別できると思います。

花子：溶解度の違いを見る方法もあります。次の溶解度曲線を見てください。硝酸カリウム，塩化ナトリウム，炭酸水素ナトリウムの粉末をそれぞれ30 gずつ用意し，60℃の水100 gに入れると，［（あ）］だけが溶け残り，［（い）］と［（う）］はすべて溶けるはずです。また，［（い）］と［（う）］の水溶液の温度を60℃から下げていくと，20℃を下回ったあたりから［（う）］の水溶液のみから結晶が現れ始めるはずなので，これで区別ができます。

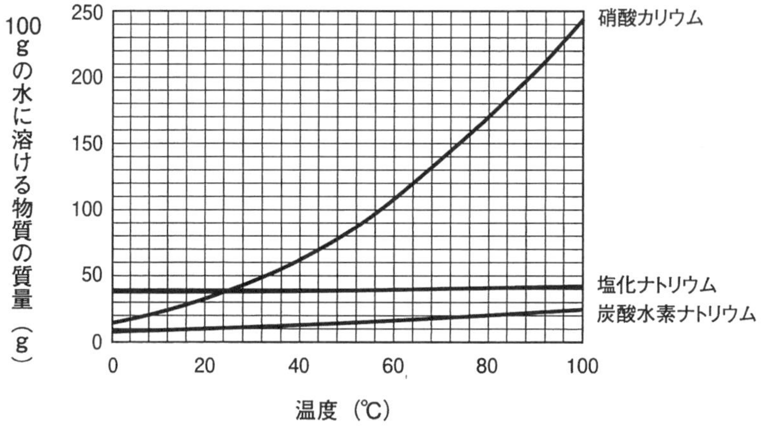

図2　溶解度曲線

問3　下線部に関連して，炭酸水素ナトリウムを完全に熱分解したときに得られる物質とその性質について述べた次の(ア)～(カ)の文のうち，**誤っているもの**の組み合わせはどれですか。①～⑤の中から，最も適当なものを選び，その番号をマークしなさい。

解答番号は［18］です。

（ア）　加熱後に出てくる気体は水素であり，空気中で火をつけると爆発して燃焼し，水滴ができる。

（イ）　加熱後に出てくる気体は二酸化炭素であり，空気より重いため下方置換法で集める必要がある。

（ウ）　加熱後に出てくる液体は水であり，青色の塩化コバルト紙をつけると赤色に変わるという性質がある。

（エ）　加熱後に出てくる液体は水であり，赤色の塩化コバルト紙をつけると青色に変わるという性質がある。

（オ）　加熱後に残る固体は炭酸ナトリウムであり，水に溶かしてフェノールフタレイン液を入れると加熱前の固体の場合に比べてうすい赤色に変わる。

（カ）　加熱後に残る固体は炭酸ナトリウムであり，水に溶かしてフェノールフタレイン液を入れると加熱前の固体の場合に比べて濃い赤色に変わる。

①　（ア），（ウ），（オ）　　②　（ア），（エ），（オ）　　③　（ア），（エ），（カ）

④　（イ），（ウ），（カ）　　⑤　（イ），（エ），（オ）

問4　炭酸水素ナトリウムの質量を w g，加熱後に出てくる気体，液体，固体の質量をそれぞれ x g，y g，z gとしたとき，それらの間に成り立つ関係として正しいものはどれですか。①～⑤の中から，最も適当なものを選び，その番号をマークしなさい。

解答番号は［19］です。

①　$w - x - y = z$

②　$w + x = y + z$

③　$w = x + y - z$

④　$w + x + y = z$

⑤　$w - x = y - z$

問5　**図2**は太郎さんたちが参考にした溶解度曲線です。花子さんの発言の中の，空欄（あ）～（う）に適する語の組み合わせはどれですか。①～⑤の中から，最も適当なものを選び，その番号をマークしなさい。

解答番号は **20** です。

	（あ）	（い）	（う）
①	硝酸カリウム	塩化ナトリウム	炭酸水素ナトリウム
②	塩化ナトリウム	炭酸水素ナトリウム	硝酸カリウム
③	塩化ナトリウム	硝酸カリウム	炭酸水素ナトリウム
④	炭酸水素ナトリウム	塩化ナトリウム	硝酸カリウム
⑤	炭酸水素ナトリウム	硝酸カリウム	塩化ナトリウム

4 次のⅠ，Ⅱについて答えなさい。

Ⅰ　だ液や胃液などの消化液のはたらきを調べるために，次のような【実験１】，【実験２】を行いました。

【実験１】1％のデンプン溶液５mLをそれぞれ入れた試験管２本（A，B）と，加熱した卵白（以下，卵白）一切れと水５mLをそれぞれ入れた試験管２本（C，D）を用意した。そして，A，Cにだ液を１mLずつ入れ，BとDには胃液と同じ成分を含んだ液体（以下，胃液）を１mLずつ入れた。

【実験２】1％のデンプン溶液５mLとうすい塩酸１mLをそれぞれ入れた試験管２本（E，F）と，卵白一切れと水５mLとうすい塩酸１mLをそれぞれ入れた試験管２本（G，H）を用意した。そしてE，Gにだ液を１mLずつ入れ，F，Hには胃液を１mLずつ入れた。

問１　【実験１】で，十分に時間がたったあと，ヨウ素液１mLをそれぞれ入れました。A～Dの溶液の色はどのように変化すると考えられますか。①～⑤の中から，最も適当な組み合わせを選び，その番号をマークしなさい。
解答番号は **21** です。

	A	B	C	D
①	青紫色になる	青紫色になる	青紫色になる	青紫色になる
②	青紫色になる	変化しない	変化しない	変化しない
③	変化しない	青紫色になる	青紫色になる	青紫色になる
④	変化しない	変化しない	変化しない	変化しない
⑤	変化しない	青紫色になる	変化しない	変化しない

問２　【実験２】で，十分に時間がたったあと，Ｅ，Ｆにヨウ素液を１mL入れたところどちらもヨウ素液の色が変化しました。【実験１】と【実験２】から考えることができるだ液の特徴について，正しく述べたものはどれですか。①～⑤の中から，最も適当なものを選び，その番号をマークしなさい。

解答番号は 22 です。

① 酸性やアルカリ性溶液中ではよくはたらかない。
② 酸性溶液中よりも中性溶液中のほうがよくはたらく。
③ 酸性，中性，アルカリ性関係なく，どのような性質の溶液中でもはたらくことができる。
④ 最もはたらきやすい温度がある。
⑤ どのような温度でもはたらくことができる。

問３　【実験１】と【実験２】で，十分に時間がたったあと，Ｂ，Ｄ，Ｆ，Ｈを観察したところ，Ｄ，Ｈの卵白が全てとけてなくなっていました。この結果から，胃液には卵白の分解を助け，消化をはやめるはたらきをもった酵素（ペプシン）が含まれていると仮説をたてました。そこで，ペプシンを用いて，次のような【実験３】を行いました。

【実験３】卵白一切れを入れた試験管に，ペプシンをうすい塩酸５mLにとかした溶液を入れた。
［結果］十分に時間がたったあと，観察したところ，卵白は全てとけてなくなっていた。

この実験から，仮説を結論づけるためには，【実験３】とは別にもう一つ実験を行い，比較する必要があります。卵白一切れを入れた試験管に何をどれだけ入れるとよいですか。①～⑤の中から，最も適当なものを選び，その番号をマークしなさい。

解答番号は 23 です。

① うすい塩酸を５mL入れる。
② １％のデンプン溶液を５mL入れる。
③ ヨウ素液を１mL入れる。
④ だ液を１mL入れる。
⑤ 水を１mL入れる。

Ⅱ　眼の神経は，ヒトの両眼から左側の脳と右側の脳へ**図１**のようにつながっています。左右それぞれの眼の内部の，左側の網膜にある細胞で感じた光の情報は，合流して左側の脳へ伝えられます。同様に，右側の網膜にある細胞で感じた光の情報は，合流して右側の脳へ伝えられます。そのため，左眼の右側の網膜から出ている神経と，右眼の左側の網膜から出ている神経は，**図１**のように中央で交《こう》さしています。もし，この神経のどこかを切断すると，脳には切られた神経からの光の情報が届かなくなり，視野の一部が見えなくなります。例えば，Ｃで神経を切断したとき，**図２**のように，左眼の左側に映る右視野と，右眼の左側に映る右視野が見えなくなります。

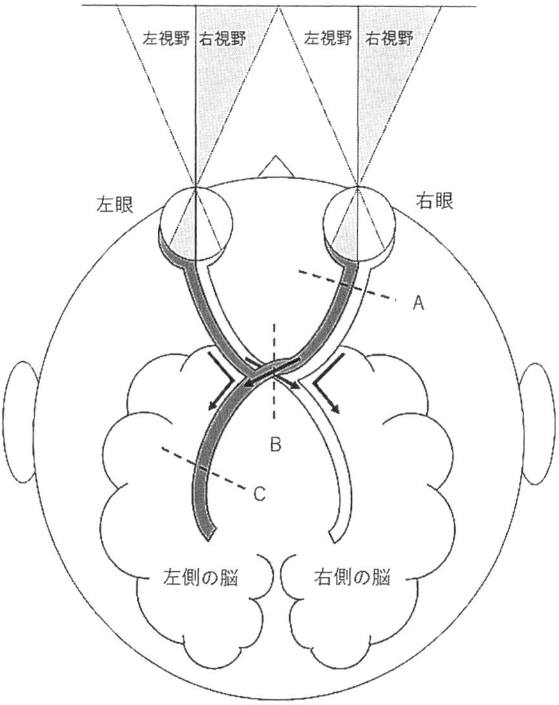

図１　真上からみた図

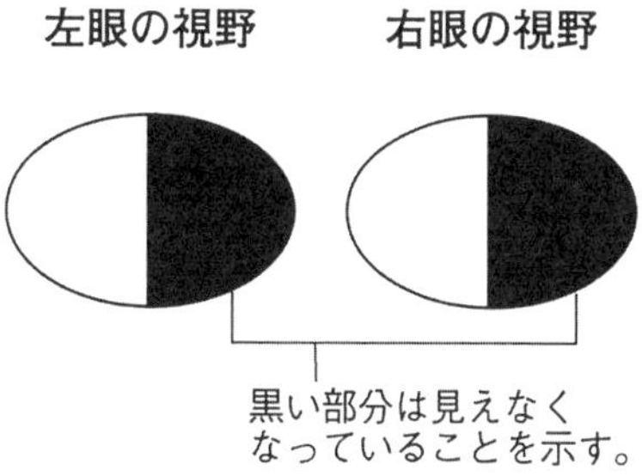

図２

問4　**図1**のAの位置で神経を切断したとき，視野の見え方を示した文として正しいものはどれですか。①～⑤の中から，最も適当なものを選び，その番号をマークしなさい。
解答番号は **24** です。

① 両眼の左視野が見えなくなる。
② 両眼の右視野が見えなくなる。
③ 左眼が見えなくなる。
④ 右眼が見えなくなる。
⑤ 両眼とも見えなくなる。

問5　**図1**のBの位置で神経を切断したとき，視野の見え方を示した文の組み合わせとして正しいものはどれですか。①～⑤の中から，最も適当なものを選び，その番号をマークしなさい。
解答番号は **25** です。

（ア）両眼の左視野が見えなくなる。
（イ）両眼の右視野が見えなくなる。
（ウ）両眼とも見えなくなる。
（エ）左眼を閉じると，右眼の右視野が見えなくなる。
（オ）左眼を閉じると，右眼の左視野が見えなくなる。
（カ）右眼を閉じると，左眼の左視野が見えなくなる。
（キ）右眼を閉じると，左眼の右視野が見えなくなる。

① （ア）と（オ）と（カ）　② （イ）と（エ）と（キ）　③ （エ）と（カ）
④ （オ）と（キ）　⑤ （ウ）

(B)の解答番号は 20 です。

① Please eat me　② Please don't eat me　③ You can eat me

④ I'll eat you　⑤ I don't eat you

(C)の解答番号は 21 です。

① I will do something for you

② I will give you something to eat

③ I will never wake you up again

④ I will thank you for saving me

⑤ I will never forget about your kindness

(D)の解答番号は 22 です。

① He's for dinner　② He's too small for dinner

③ He doesn't like the mouse　④ He's too big for a snack

⑤ The lion is too big

(E)の解答番号は 23 です。

① Now you will see what I can do for you　② Now you must help me

③ Now you will see what you can do for me　④ Now you can eat me

⑤ Now I can move more men

(F)の解答番号は 24 です。

① even the weak one has a chance to save the strong one

② lion is stronger than any other animal in the natural world

③ the strong one always has to save the weak one under the unfair conditions

④ it is important to remember that a small difference can make a big difference

⑤ not only animals but also we should keep the treasure of life in mind

5 英文を読み、あとの問いに答えなさい。

Do we really need to sleep? *While scientists do not understand everything about sleep, they exactly know (1). When you sleep, your body is not moving. But your mind is (2)!

Sleep helps with many things. Sleep *helps you remember what you learned during the day. It *stores that learning for a long time. One study showed there are good *effects for students if they study just before going to sleep. Sleeping *slowed down *the time that the students forgot things. Sleep also *cleans out the bad things in your body. Your body *gets hurt during the day when you run or play. The body *fixes what is hurt when you sleep. Your body also grows while you are sleeping.

Everyone needs sleep. Men and women need 7 to 9 hours of sleep every night. Students need a lot of sleep, but ①they usually do not get enough. Students in high school need 8 to 10 hours of sleep every night. They need (3) sleep than older people because they are still growing. They also need to learn a lot. The *extra hours in bed help with this. (4) is important for learning, growing, and remembering.

(adapted from *Timed Reading for Fluency*, Seed Learning)

*while：だけれども　*helps you remember：思い出すのを助ける
*stores：を蓄える　*effects：効果　*slowed down：遅くした
*the time that…：…する時間　*cleans out：取り除く　*get hurt：傷つく
*fixes what is hurt：傷ついたものをなおす　*extra：余分の

問1 (1) に入る表現として正しいものはどれですか。①～⑤の中から、最も適当なものを選び、その番号をマークしなさい。　解答番号は 25 です。

① it is very important
② it is impossible to sleep
③ they still have to solve many problems
④ they have different opinions about sleep
⑤ it is necessary to sleep for 9 hours

問2　（ 2 ）に入る語（句）として正しいものはどれですか。①～⑤の中から、最も適当なものを選び、その番号をマークしなさい。　解答番号は 26 です。

① not moving　② sleeping　③ busy　④ injured　⑤ artificial

問3　（ 3 ）に入る語として正しいものはどれですか。①～⑤の中から、最も適当なものを選び、その番号をマークしなさい。　解答番号は 27 です。

① less　② more　③ little　④ enough　⑤ lot

問4　（ 4 ）に入る語（句）として正しいものはどれですか。①～⑤の中から、最も適当なものを選び、その番号をマークしなさい。　解答番号は 28 です。

① Running or playing outside
② Getting enough sleep
③ Spending extra hours
④ Getting up early
⑤ Forgetting bad things

問5　下線部①とほぼ同じ意味になる英文はどれですか。①～⑤の中から、最も適当なものを選び、その番号をマークしなさい。　解答番号は 29 です。

① They sleep 7 to 9 hours.
② They usually sleep more than 8 hours.
③ They usually do not sleep more than 8 hours.
④ They sleep about 9 hours.
⑤ They sleep 8 to 10 hours.

問6　本文の内容にあっているものはどれですか。①～⑤の中から、最も適当なものを選び、その番号をマークしなさい。　解答番号は 30 です。

① Your body is relaxed while you are sleeping.
② Many people often have a dream while they are sleeping.
③ Older people do not need a lot of sleep because they do not run or play.
④ Children need a lot of sleep because they forget many things.
⑤ To study just before you sleep is good for remembering things.

6 英文を読み、あとの問いに答えなさい。

(1) 2014, a seventeen-year-old girl won the *Nobel Peace Prize. (2) did she win this prize?

In Pakistan, a group of people *claimed that girls should not *receive *education and all schools should stop teaching girls. ①However, one girl believed education for girls was as important as for boys. She liked studying with her friends at school. Her name is Malala Yousafzai.

Malala *appeared on TV and radio to speak about ②*equality in education. Then she received a *death threat because of her *beliefs. She was scared but her *courage was stronger than her *fear. She continued to speak out and *attend school.

One day, on her way home from school, Malala *was attacked and *seriously injured. This *terrible news *was broadcast around the world. ③Many people thought she was the *bravest girl in the world. They sent her messages of support.

Malala made a *miraculous *recovery after the *attack. On her 16th birthday, she made a speech at the United Nations *headquarters in New York.

"Dear brothers and sisters, we want schools and education for every child's bright future. We will continue our *journey to our *destination of peace and education."

At the end of her speech, she said, "One child, one teacher, one book and one pen can change the world."

(adapted from *All Aboard! English Communication I*, TOKYO SHOSEKI)

*Nobel Peace Prize：ノーベル平和賞　*claimed：主張した　*receive：受ける
*education：教育　*appeared：出演した　*equality：平等
*death threat：殺すという脅迫　*beliefs：信念　*courage：勇気　*fear：恐怖心
*attend：出席する　*was attacked：攻撃された　*seriously：ひどく
*terrible：ひどい　*was broadcast：放送された　*bravest：もっとも勇気のある
*miraculous：奇跡的な　*recovery：回復　*attack：攻撃　*headquarters：本部
*journey：旅　*destination：目的地

問1　（　1　）に入る語として正しいものはどれですか。①～⑤の中から、最も適当なものを選び、その番号をマークしなさい。　解答番号は **31** です。

① In　② On　③ At　④ From　⑤ When

問2　（　2　）に入る語として正しいものはどれですか。①～⑤の中から、最も適当なものを選び、その番号をマークしなさい。　解答番号は **32** です。

① When　② Why　③ What　④ Can　⑤ Should

問3　文脈から判断して、下線部①の単語の意味として正しいものはどれですか。①～⑤の中から、最も適当なものを選び、その番号をマークしなさい。　解答番号は **33** です。

① それゆえに　② さらに　③ そんな訳で
④ どうやって　⑤ しかしながら

問4　下線部②がさす内容として、英文中からふさわしい部分を抜き出した場合、最初と最後に来る語の組み合わせとして正しいものはどれですか。①～⑤の中から、最も適当なものを選び、その番号をマークしなさい。ただし、文頭にくるものも小文字で表しています。
解答番号は **34** です。

① 最初 she / 最後 out　② 最初 girls / 最後 education
③ 最初 she / 最後 friends　④ 最初 education / 最後 boys
⑤ 最初 all　/ 最後 girls

問5　下線部③の理由として正しいものはどれですか。①～⑤の中から、最も適当なものを選び、その番号をマークしなさい。　解答番号は **35** です。

① Because she attacked and seriously injured.
② Because she was not scared at all after receiving a death threat.
③ Because she continued to speak out and attend school after receiving a death threat.
④ Because people sent her messages of support.
⑤ Because the great news was broadcast around the world.

問6　本文の内容に合っているものはどれですか。①～⑤の中から、最も適当なものを選び、その番号をマークしなさい。　　解答番号は **36** です。

① Education for boys was not enough at that time.

② She will continue her journey to New York for people and education.

③ The news about education for girls was broadcast around the world.

④ She thinks one child, one teacher, one book and one pen is not enough for education.

⑤ She will not stop speaking out for the future of education.

問7　以下は本文の要約である。（　ア　）～（　ウ　）に入る表現として正しいものはどれですか。①～⑤の中から、最も適当なものを選び、その番号をマークしなさい。

A group of people in Pakistan claimed that girls（　ア　）an education. Malala（　イ　）and spoke about education for girls on TV and radio. One day,（　ウ　）But Malala made a miraculous recovery after the attack and made a speech at the United Nations headquarters in New York.

（　ア　）の解答番号は **37** です。

① don't need to give　② don't need to get　③ must receive

④ don't have to give　⑤ should get

（　イ　）の解答番号は **38** です。

① did not agree　② mistook　③ against

④ was impressed　⑤ was embarrassed

（　ウ　）の解答番号は **39** です。

① she was attacked and injured because of her beliefs.

② she was on her way home from school.

③ she was attacked and injured because she did not go to school.

④ she continued to speak out and attend school.

⑤ this great news was broadcast around the world.

問8　江戸時代の改革について述べたA～Dを、年代の古い順に並べたものとして、①～⑤の中から、最も適当なものを選び、その番号をマークしなさい。

解答番号は **15** です。

A　新田開発を進めたり、豊作や不作にかかわらず一定の年貢を取り立てたりするようになった。

B　江戸や大坂周辺の農村を幕領にしようとしたが、大名や旗本の反対にあい、失敗に終わった。

C　商工業者が株仲間を作ることを奨励し、特権を与える代わりに営業税をとった。

D　松平定信が旗本や御家人の生活難を救うため、借金を帳消しにした。

①　A　→　B　→　D　→　C

②　A　→　C　→　B　→　D

③　A　→　C　→　D　→　B

④　D　→　C　→　B　→　A

⑤　D　→　A　→　C　→　B

問9　明治時代の産業に関する記述として、①～⑤の中から、最も適当なものを選び、その番号をマークしなさい。

解答番号は **16** です。

①　紡績業では、大規模な機械が輸入されて生産を増やし、日清戦争後には、輸出量が輸入量を上回った。

②　資本主義が発達した結果、地方でも雇用が生まれ、貧富の差は解消された。

③　紡績業・製糸業の労働者の大半は男性であり、彼らは経済の発展に大きな役割を果たした。

④　日露戦争以降鉄道網は拡大し、1906年に主要な鉄道を民営化した。

⑤　八幡製鉄所では、主に福岡県内でとれる鉄鉱石や石炭を使って鉄鋼が生産されていた。

問10　日本に関する1900年代前半の出来事Ａ～Ｄを年代の古い順に並び変えたものとして、①～⑤の中から、最も適当なものを選び、その番号をマークしなさい。

解答番号は **17** です。

Ａ　国際連盟に加盟した。

Ｂ　関東大震災が起こった。

Ｃ　中国に二十一か条の要求をした。

Ｄ　金融恐慌が発生した。

①　Ａ　→　Ｂ　→　Ｄ　→　Ｃ

②　Ａ　→　Ｄ　→　Ｃ　→　Ｂ

③　Ｂ　→　Ｃ　→　Ａ　→　Ｄ

④　Ｃ　→　Ａ　→　Ｂ　→　Ｄ

⑤　Ｃ　→　Ｂ　→　Ｄ　→　Ａ

問11　下の写真は1943年に開催された大東亜会議の様子である。この時の日本国首相の在任中に起きた出来事に関する記述として、①～⑤の中から、最も適当なものを選び、その番号をマークしなさい。

解答番号は［18］です。

① 日本は日ソ中立条約を結んで、フランス領インドシナに軍をすすめた。

② 日本軍はハワイの真珠湾に奇襲を仕掛け、太平洋戦争が始まった。

③ 二・二六事件が発生し、陸軍の青年将校が東京の中心部を占拠した。

④ 国家総動員法が定められ、議会の承認なしで国民と資源を戦争で動員できるようになった。

⑤ サイパン島から飛来したB-29により、東京が激しい空襲にさらされた。

3 次の**問1**～**問7**に答えなさい。

問1 下の図の日本の人口ピラミッド（予想を含む）の年代として、①～⑤の中から、最も適当なものを選び、その番号をマークしなさい。
解答番号は［19］です。

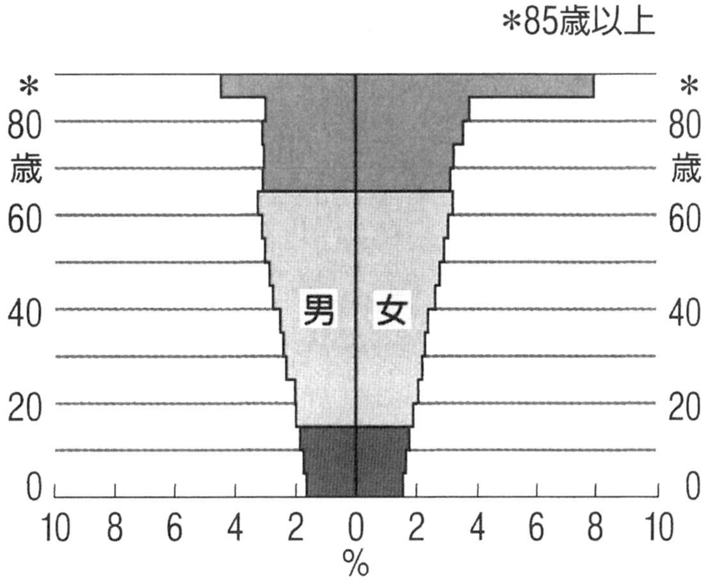

（国立社会保障・人口問題研究所資料より作成）

① 1950年　② 1980年　③ 2010年　④ 2060年　⑤ ①～④のどれでもない

問2　日本国憲法に関する記述として、①〜⑤の中から、最も適当なものを選び、その番号をマークしなさい。

解答番号は 20 です。

① 憲法に反する法律や命令は効力を持たないのが原則だが、閣議の多数決の結果、効力を持たせることが可能である。

② 法律や命令が憲法に反していないかどうかを審査することを違憲審査といい、その権限を持つのは最高裁判所だけである。

③ 違憲審査は、憲法によって政府の権力を制限し国民の人権を保障するという立憲主義の考えに基づいている。

④ 裁判官の意のままに違憲判決が出されることから、違憲審査は「人の支配」であるとの批判が根強く、日本以外の国には存在しない。

⑤ 国会議員は憲法第99条により憲法を尊重し擁護する義務があるので、国会で憲法改正を発議することは憲法違反である。

問3　日本の平和主義と自衛隊の関係に関する記述として、①〜⑤の中から、最も適当なものを選び、その番号をマークしなさい。

解答番号は 21 です。

① 自衛隊の最高指揮官は、自衛官ではなく内閣総理大臣が任命した防衛大臣である。これを文民統制という。

② 政府は「自衛のための必要最小限度の戦力」の保持について、憲法は禁止していないとしている。

③ 2015年に安全保障関連法が成立し、日本と密接な関係にある国が攻撃を受け日本の存立がおびやかされた場合、集団的自衛権を行使できるようになった。

④ 日米安全保障条約により、他国がアメリカの領域を攻撃してきたときに、日本とアメリカが共同で対応することが決められている。

⑤ 国際平和協力法（PKO 協力法）に基づき、1991年の湾岸戦争に自衛隊が派遣された。

問4　日本における差別に対する取り組みに関する記述として、①～⑤の中から、最も適当なものを選び、その番号をマークしなさい。

解答番号は 22 です。

① 1985年に男女雇用機会均等法が、1999年に男女共同参画社会基本法が制定され、「男性は仕事、女性は家庭」という役割分担意識は社会から一掃された。

② 障がいの有無にかかわらず、全ての人が区別されることなく、社会の中で普通の生活を送るインフォームド・コンセントの実現が求められている。

③ 日本には多くの在日韓国・朝鮮人が暮らしているが、歴史的事情に配慮しこれらの人々には制限無く選挙権や被選挙権が与えられている。

④ 部落差別をなくすために同和対策事業が推進された結果、差別は解消した。

⑤ 長い間差別されてきたアイヌ民族に対し、政府はアイヌ民族を先住民族と法的に位置づけ、アイヌ民族としての誇りが尊重される社会の実現を目指している。

問5　日本の国会に関する記述として、①～⑤の中から、最も適当なものを選び、その番号をマークしなさい。

解答番号は 23 です。

① 法律案は国会議員のみ作成できる。

② 法律案は、衆議院へのみ提出できる。

③ 国会は、内閣が外国と結んだ条約の承認を行う。

④ 国会は、国会議員の中から内閣総理大臣とその他の国務大臣を任命する。

⑤ 予算案は、衆議院の予算委員会で作成する。

問6　日本の内閣の仕事に関する記述として、①～⑤の中から、最も適当なものを選び、その番号をマークしなさい。

解答番号は 24 です。

① 最高裁判所長官の任命とその他の裁判官の任命。

② 天皇の国事行為に関する助言と承認。

③ 国政調査を実施する。

④ 法律や予算を議決する。

⑤ 弾劾裁判所を設置する。

問7　下の文章は、日本の三審制について述べたものである。空欄〔 A 〕～〔 D 〕に当てはまる語・数字の組み合わせとして、①～⑤の中から、最も適当なものを選び、その番号をマークしなさい。

解答番号は 25 です。

> 同一の事件について3回までの裁判を受けることが出来る。これを三審制という。第一審の判決に不服であれば第二審の裁判所に〔 A 〕することができる。「判決」でなく「決定・命令」に不服の場合は〔 B 〕である。第二審の判決にも不服があれば、〔 C 〕することができる。裁判所には最高裁判所のほか、〔 D 〕種類の下級裁判所がある。

① 〔A〕控訴　〔B〕上告　〔C〕抗告　〔D〕4

② 〔A〕上告　〔B〕控訴　〔C〕抗告　〔D〕3

③ 〔A〕上告　〔B〕抗告　〔C〕控訴　〔D〕4

④ 〔A〕控訴　〔B〕抗告　〔C〕上告　〔D〕3

⑤ 〔A〕控訴　〔B〕抗告　〔C〕上告　〔D〕4

4

2020年、世界各地で新型コロナウイルスの感染が広がりました。新型コロナウイルスなどの感染症に関連する次の**問1**～**問3**に答えなさい。

問1　下の文章は、感染症対策に力を注いだ日本の人物について述べたものである。下の文章が示す人物として、①～⑤の中から、最も適当なものを選び、その番号をマークしなさい。解答番号は 26 です。

1890年に破傷風血清療法を発見し、その後、伝染病研究所所長に就任した。1894年、香港のペスト流行の際、同地でペスト菌を発見した。

①　志賀潔　　②　野口英世　　③　鈴木梅太郎　　④　北里柴三郎　　⑤　高峰譲吉

問2　新型コロナウイルス感染症の拡大により、オンラインによる授業など情報通信技術（ICT）が活躍した。下の図は日本のインターネット普及率と主な情報通信機器の世帯保有率の推移を示している。A・Bが示しているものの正しい組み合わせとして、①～⑤の中から、最も適当なものを選び、その番号をマークしなさい。
解答番号は 27 です。

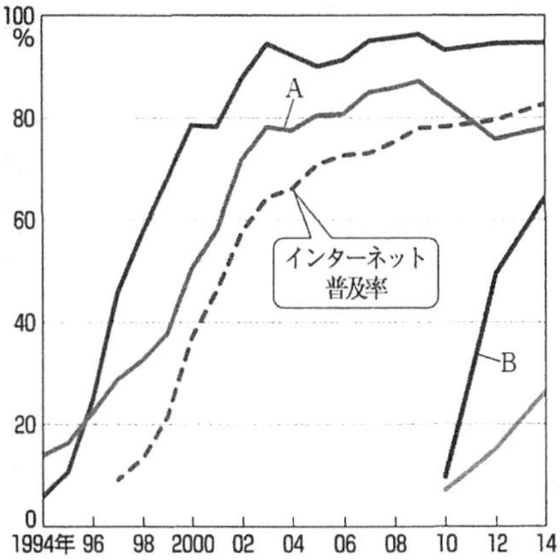

（2015年刊　情報通信白書ほかより作成）

①　A一パソコン　　　　　　B一タブレット型端末
②　A一パソコン　　　　　　B一スマートフォン
③　A一スマートフォン　　　B一パソコン
④　A一携帯電話またはPHS　B一タブレット型端末
⑤　A一携帯電話またはPHS　B一スマートフォン

問3　新型コロナウイルス感染症の拡大により、日本各地でトイレットペーパーの買いだめが行われた。このような行動は石油危機の時も行われた。下の図は日本の国民総生産と経済成長率の変化を示したものである。石油危機により経済が不況になったのはA～Eのどれか、①～⑤の中から、最も適当なものを選び、その番号をマークしなさい。

解答番号は **28** です。

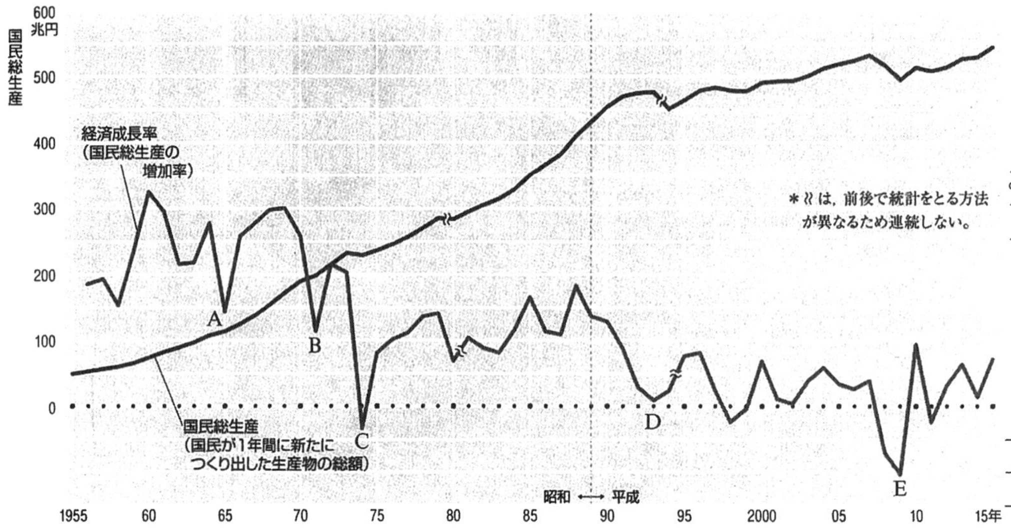

①　A　　②　B　　③　C　　④　D　　⑤　E

令和３年度　**数学解答用紙**　※100…
(配点…

学校使用欄
●
欠
受験生はマークしないでください

受験番号				
	0	0	0	0
1	1	1	1	1
2	2	2	2	2
3	3	3	3	3
	4	4	4	4
	5	5	5	5
	6	6	6	6
	7	7	7	7
	8	8	8	8
	9	9	9	9

フリガナ	
氏　名	

1		解答記入欄
(1)	ア	- 0 1 2 3 4 5 6 7 8 9
	イ	- 0 1 2 3 4 5 6 7 8 9
	ウ	- 0 1 2 3 4 5 6 7 8 9
	エ	- 0 1 2 3 4 5 6 7 8 9
(2)	オ	- 0 1 2 3 4 5 6 7 8 9
	カ	- 0 1 2 3 4 5 6 7 8 9
	キ	- 0 1 2 3 4 5 6 7 8 9
	ク	- 0 1 2 3 4 5 6 7 8 9
(3)	ケ	- 0 1 2 3 4 5 6 7 8 9
	コ	- 0 1 2 3 4 5 6 7 8 9
	サ	- 0 1 2 3 4 5 6 7 8 9
	シ	- 0 1 2 3 4 5 6 7 8 9
(4)	ス	- 0 1 2 3 4 5 6 7 8 9
(5)	セ	- 0 1 2 3 4 5 6 7 8 9
	ソ	- 0 1 2 3 4 5 6 7 8 9
(6)	タ	- 0 1 2 3 4 5 6 7 8 9
(7)	チ	- 0 1 2 3 4 5 6 7 8 9
	ツ	- 0 1 2 3 4 5 6 7 8 9
	テ	- 0 1 2 3 4 5 6 7 8 9

2
(1)
(2)
(3)

3
(1)
(2)

令和３年度　**国語解答用紙**

※

学校使用欄

㊮

受験生はマークしないでください

受験番号				
	⓪	⓪	⓪	⓪
①	①	①	①	①
②	②	②	②	②
③	③	③	③	③
	④	④	④	④
	⑤	⑤	⑤	⑤
	⑥	⑥	⑥	⑥
	⑦	⑦	⑦	⑦
	⑧	⑧	⑧	⑧
	⑨	⑨	⑨	⑨

フリガナ	
氏　名	

1		解答記入欄					
問１	1	①	②	③	④	⑤	
	2	①	②	③	④	⑤	
	3	①	②	③	④	⑤	
	4	①	②	③	④	⑤	
	5	①	②	③	④	⑤	
問２	6	①	②	③	④	⑤	
	7	①	②	③	④	⑤	
	8	①	②	③	④	⑤	
問３	9	①	②	③	④	⑤	
問４	10	①	②	③	④	⑤	
問５	11	①	②	③	④	⑤	⑥
問６	12	①	②	③	④	⑤	⑥
	13	①	②	③	④	⑤	⑥
	14	①	②	③	④	⑤	⑥

【解答

令和３年度　**理科解答用紙**

※100点
(配点非

学校使用欄
欠
受験生はマークしないでください

受験番号				
	0	0	0	0
1	1	1	1	1
2	2	2	2	2
3	3	3	3	3
	4	4	4	4
	5	5	5	5
	6	6	6	6
	7	7	7	7
	8	8	8	8
	9	9	9	9

フリガナ	
氏　名	

1		解答記入欄				
問１	1	1	2	3	4	5
問２	2	1	2	3	4	5
問３	3	1	2	3	4	5
問４	4	1	2	3	4	5
問５	5	1	2	3	4	5
問６	6	1	2	3	4	5
問７	7	1	2	3	4	5
問８	8	1	2	3	4	5
問９	9	1	2	3	4	5
問10	10	1	2	3	4	5

2	
問１	11
問２	12
問３	13
問４	14
問５	15

3	
問１	16
問２	17
問３	18
問４	19
問５	20

令和３年度　**英語解答用紙**

※10
(配点

学校使用欄
●
欠
受験生はマークしないでください

受験番号				
	0	0	0	0
1	1	1	1	1
2	2	2	2	2
3	3	3	3	3
	4	4	4	4
	5	5	5	5
	6	6	6	6
	7	7	7	7
	8	8	8	8
	9	9	9	9

フリガナ	
氏　名	

1		解答記入欄				
問１	1	1	2	3	4	5
問２	2	1	2	3	4	5
問３	3	1	2	3	4	5
問４	4	1	2	3	4	5
問５	5	1	2	3	4	5
問６	6	1	2	3	4	5
問７	7	1	2	3	4	5
問８	8	1	2	3	4	5
問９	9	1	2	3	4	5
問10	10	1	2	3	4	5

2		解答記入欄				
問１	11	1	2	3	4	5
問２	12	1	2	3	4	5
問３	13	1	2	3	4	5
問４	14	1	2	3	4	5
問５	15	1	2	3	4	5

3
問１
問２
問３
4
A
B
C
D
E
F
5
問１
問２
問３
問４
問５
問６

令和３年度　**社 会 解 答 用 紙**

※10
(配点

学校使用欄

欠

受験生はマークしないでください

受験番号				
	0	0	0	0
1	1	1	1	1
2	2	2	2	2
3	3	3	3	3
	4	4	4	4
	5	5	5	5
	6	6	6	6
	7	7	7	7
	8	8	8	8
	9	9	9	9

フリガナ	
氏　名	

1		解 答 記 入 欄				
問１	1	1	2	3	4	5
問２	2	1	2	3	4	5
問３	3	1	2	3	4	5
問４	4	1	2	3	4	5
問５	5	1	2	3	4	5
問６	6	1	2	3	4	5
問７	7	1	2	3	4	5

2
問１
問２
問３
問４
問５
問６
問７
問８
問９
問10
問11

記入方法

1. 記入は、必ずＨＢの黒鉛筆で、◯の中を正確に、ぬりつぶしてください。
2. 訂正は、プラスチック製消しゴムできれいに消してください。
3. 受験番号は、数字を記入してから間違いのないようにマークしてください。
4. 解答用紙を、折り曲げたり、汚したりしないでください。

良い例	
悪い例	

解答記入欄			
②	③	④	⑤
②	③	④	⑤
②	③	④	⑤
②	③	④	⑤
②	③	④	⑤
②	③	④	⑤
②	③	④	⑤
②	③	④	⑤
②	③	④	⑤
②	③	④	⑤
②	③	④	⑤

3		解答記入欄				
問1	19	①	②	③	④	⑤
問2	20	①	②	③	④	⑤
問3	21	①	②	③	④	⑤
問4	22	①	②	③	④	⑤
問5	23	①	②	③	④	⑤
問6	24	①	②	③	④	⑤
問7	25	①	②	③	④	⑤

4		解答記入欄				
問1	26	①	②	③	④	⑤
問2	27	①	②	③	④	⑤
問3	28	①	②	③	④	⑤

名城大学附属高等学校

記入方法

1. 記入は、必ずＨＢの黒鉛筆で、⓪の中を正確に、ぬりつぶしてください。
2. 訂正は、プラスチック製消しゴムできれいに消してください。
3. 受験番号は、数字を記入してから間違いのないようにマークしてください。
4. 解答用紙を、折り曲げたり、汚したりしないでください。

良い例	●
悪い例	⊘ ⊙ ◧

解　答　記　入　欄				
)	②	③	④	⑤
)	②	③	④	⑤
)	②	③	④	⑤

解　答　記　入　欄				
)	②	③	④	⑤
)	②	③	④	⑤
)	②	③	④	⑤
)	②	③	④	⑤
)	②	③	④	⑤
)	②	③	④	⑤

解　答　記　入　欄				
)	②	③	④	⑤
)	②	③	④	⑤
)	②	③	④	⑤
)	②	③	④	⑤
)	②	③	④	⑤
)	②	③	④	⑤

6		解　答　記　入　欄				
問1	31	①	②	③	④	⑤
問2	32	①	②	③	④	⑤
問3	33	①	②	③	④	⑤
問4	34	①	②	③	④	⑤
問5	35	①	②	③	④	⑤
問6	36	①	②	③	④	⑤
問7	37	①	②	③	④	⑤
	38	①	②	③	④	⑤
	39	①	②	③	④	⑤

名城大学附属高等学校

記入方法

1. 記入は、必ずＨＢの黒鉛筆で、（　）の中を正確に、ぬりつぶしてください。
2. 訂正は、プラスチック製消しゴムできれいに消してください。
3. 受験番号は、数字を記入してから間違いのないようにマークしてください。
4. 解答用紙を、折り曲げたり、汚したりしないでください。

良い例	
悪い例	

答　記　入　欄			
②	③	④	⑤
②	③	④	⑤
②	③	④	⑤
②	③	④	⑤
②	③	④	⑤

4		解　答　記　入　欄				
問1	21	①	②	③	④	⑤
問2	22	①	②	③	④	⑤
問3	23	①	②	③	④	⑤
問4	24	①	②	③	④	⑤
問5	25	①	②	③	④	⑤

答　記　入　欄			
②	③	④	⑤
②	③	④	⑤
②	③	④	⑤
②	③	④	⑤
②	③	④	⑤

名城大学附属高等学校

)

記入方法

1. 記入は、必ずＨＢの黒鉛筆で、◯の中を正確に、ぬりつぶしてください。
2. 訂正は、プラスチック製消しゴムできれいに消してください。
3. 受験番号は、数字を記入してから間違いのないようにマークしてください。
4. 解答用紙を、折り曲げたり、汚したりしないでください。

良い例	
悪い例	

解答記入欄					
①	②	③	④	⑤	
①	②	③	④	⑤	⑥
①	②	③	④	⑤	⑥
①	②	③	④	⑤	
①	②	③	④	⑤	
①	②	③	④	⑤	
①	②	③	④	⑤	⑥
①	②	③	④	⑤	⑥
①	②	③	④	⑤	

2		解答記入欄					
問1	24	①	②	③	④	⑤	⑥
	25	①	②	③	④	⑤	⑥
問2	26	①	②	③	④	⑤	
問3	27	①	②	③	④	⑤	
問4	28	①	②	③	④	⑤	
問5	29	①	②	③	④	⑤	
問6	30	①	②	③	④	⑤	
問7	31	①	②	③	④	⑤	
問8	32	①	②	③	④	⑤	⑥
	33	①	②	③	④	⑤	⑥
問9	34	①	②	③	④	⑤	

名城大学附属高等学校

記入方法

1. 記入は、必ずＨＢの黒鉛筆で、○の中を正確に、ぬりつぶしてください。
2. 訂正は、プラスチック製消しゴムできれいに消してください。
3. 受験番号は、数字を記入してから間違いのないようにマークしてください。
4. 解答用紙を、折り曲げたり、汚したりしないでください。

良い例	悪い例

解答記入欄
① ② ③ ④ ⑤ ⑥ ⑦ ⑧ ⑨
① ② ③ ④ ⑤ ⑥ ⑦ ⑧ ⑨
① ② ③ ④ ⑤ ⑥ ⑦ ⑧ ⑨
① ② ③ ④ ⑤ ⑥ ⑦ ⑧ ⑨
① ② ③ ④ ⑤ ⑥ ⑦ ⑧ ⑨
① ② ③ ④ ⑤ ⑥ ⑦ ⑧ ⑨
① ② ③ ④ ⑤ ⑥ ⑦ ⑧ ⑨
① ② ③ ④ ⑤ ⑥ ⑦ ⑧ ⑨
① ② ③ ④ ⑤ ⑥ ⑦ ⑧ ⑨
① ② ③ ④ ⑤ ⑥ ⑦ ⑧ ⑨
① ② ③ ④ ⑤ ⑥ ⑦ ⑧ ⑨

解答記入欄
① ② ③ ④ ⑤ ⑥ ⑦ ⑧ ⑨
① ② ③ ④ ⑤ ⑥ ⑦ ⑧ ⑨
① ② ③ ④ ⑤ ⑥ ⑦ ⑧ ⑨
① ② ③ ④ ⑤ ⑥ ⑦ ⑧ ⑨
① ② ③ ④ ⑤ ⑥ ⑦ ⑧ ⑨

4		解答記入欄
（1）	ア	① ② ③ ④ ⑤ ⑥
	イ	① ② ③ ④ ⑤ ⑥
（2）	ウ	⊖ ⓪ ① ② ③ ④ ⑤ ⑥ ⑦ ⑧ ⑨
	エ	⊖ ⓪ ① ② ③ ④ ⑤ ⑥ ⑦ ⑧ ⑨
	オ	⊖ ⓪ ① ② ③ ④ ⑤ ⑥ ⑦ ⑧ ⑨
	カ	⊖ ⓪ ① ② ③ ④ ⑤ ⑥ ⑦ ⑧ ⑨
	キ	⊖ ⓪ ① ② ③ ④ ⑤ ⑥ ⑦ ⑧ ⑨
	ク	⊖ ⓪ ① ② ③ ④ ⑤ ⑥ ⑦ ⑧ ⑨

5		解答記入欄
（1）	ア	⊖ ⓪ ① ② ③ ④ ⑤ ⑥ ⑦ ⑧ ⑨
	イ	⊖ ⓪ ① ② ③ ④ ⑤ ⑥ ⑦ ⑧ ⑨
	ウ	⊖ ⓪ ① ② ③ ④ ⑤ ⑥ ⑦ ⑧ ⑨
	エ	⊖ ⓪ ① ② ③ ④ ⑤ ⑥ ⑦ ⑧ ⑨
	オ	⊖ ⓪ ① ② ③ ④ ⑤ ⑥ ⑦ ⑧ ⑨
	カ	⊖ ⓪ ① ② ③ ④ ⑤ ⑥ ⑦ ⑧ ⑨
	キ	⊖ ⓪ ① ② ③ ④ ⑤ ⑥ ⑦ ⑧ ⑨
（2）	ク	⓪ ① ② ③

名城大学附属高等学校

1 次の**問1**～**問7**に答えなさい。

問1 下の文章は、地図1・2中にあるA～Eのいずれかの国について説明したものである。該当する国として、①～⑤の中から、最も適当なものを選び、その番号をマークしなさい。解答番号は［ 1 ］です。

> 標高が5000mをこえる高い山があり、山名が国名となっている。赤道が国内を通っているが、首都は標高約1600mの高地に位置しているため、高山気候に属するすずしい地域になっている。この気候を生かし、内陸の標高の高いところでは茶が栽培され、多くが輸出されている。日本との時差は6時間あり、日本が2月4日午前11時のとき、2月4日午前5時である。

① A　　② B　　③ C　　④ D　　⑤ E

地図1

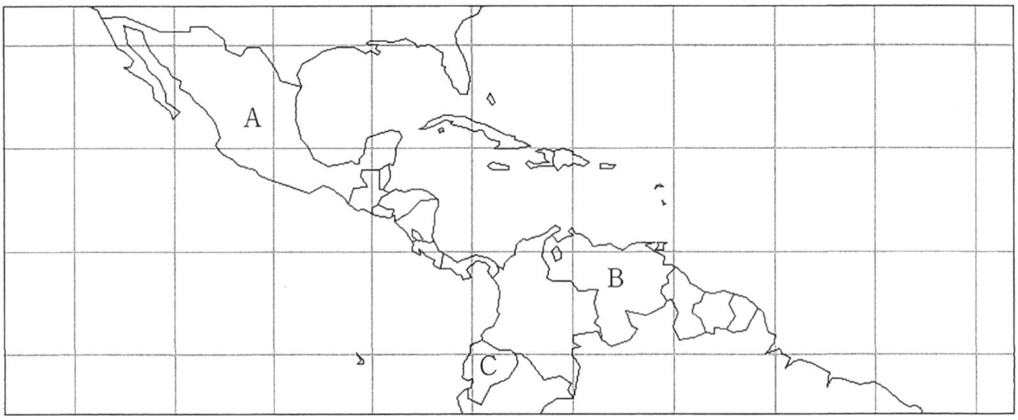

地図2

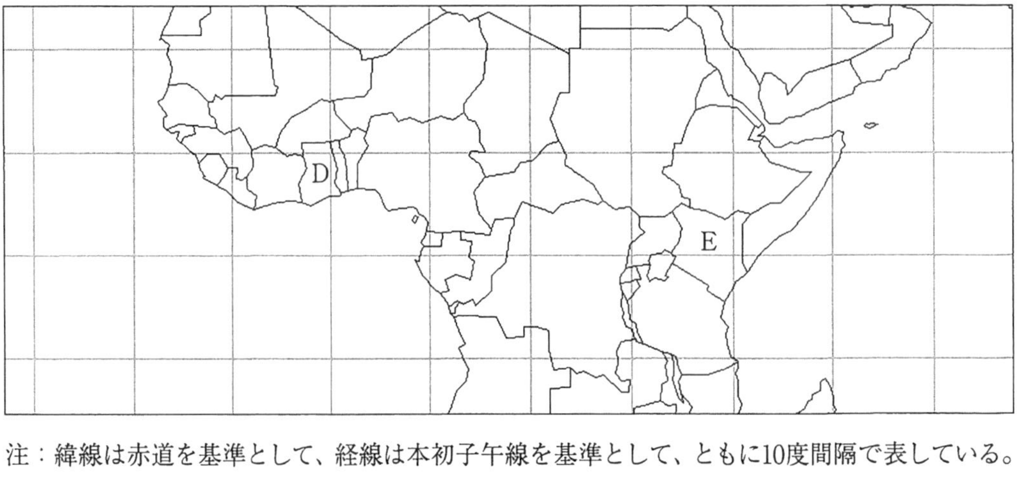

注：緯線は赤道を基準として、経線は本初子午線を基準として、ともに10度間隔で表している。

問2　世界各地の自然環境に関する記述として、①～⑤の中から、最も適当なものを選び、その番号をマークしなさい。

解答番号は［ 2 ］です。

① アジア州の東部では、半年ごとに風の向きが変わる偏西風の影響があり、四季がはっきりしている。

② ヨーロッパ州の南部には、ピレネー山脈やアルプス山脈が連なっている。一方北部のイベリア半島の海岸線には、フィヨルドとよばれる氷河地形がみられる。

③ アフリカ州の北部にあるサハラ砂漠の東には、世界最長のナイル川が南に向かって流れ、地中海に流れ込んでいる。

④ 北アメリカ州の西部にはロッキー山脈が南北に走っており、山脈の東側にはグレートプレーンズとよばれる乾燥した地域が広がっている。

⑤ オセアニア州にあるオーストラリア大陸は、赤道に近く高温で雨が多いため、熱帯雨林が国土の3分の2を占めている。

問3　世界各地の民族に関する記述として、①～⑤の中から、最も適当なものを選び、その番号をマークしなさい。

解答番号は［ 3 ］です。

① 中国人の9割が漢族で、それ以外の少数民族は、主に西部で牧畜を中心として生活している。

② インドには、アラビア語を使うアラブ系の人々が生活する地域が多く、人口のほとんどがイスラム教徒である。

③ さまざまな民族がいるアフリカでは、民族を基に国が成立しており、民族のちがいはあるが、宗教をはじめとした共通の文化が見られる。

④ アメリカは、世界でも代表的な多民族国家で、ヒスパニックが多い州は北部、アフリカ系が多い州は西部に集まっている。

⑤ オーストラリアでは、ヨーロッパからの移住者の子孫が人口の多数を占めるが、ヨーロッパ人と先住民の間で混血が進み、メスチソとよばれる混血の人々が増えている。

問4　下の表は、2000年と2017年における日本と中国・アメリカ・EUとの貿易額について示している。この表からわかることとして、①～⑤の中から、最も適当なものを選び、その番号をマークしなさい。

解答番号は［ 4 ］です。

	輸出（十億円）		輸入（十億円）	
	2000年	2017年	2000年	2017年
総　額	51,654	78,286	40,938	75,379
中国	3,274	14,890	5,941	18,459
アメリカ	15,356	15,113	7,779	8,090
EU	8,432	8,657	5,043	8,757

（『日本国勢図会2018/19』より作成）

① 中国は、2017年の輸出金額と輸入金額を合わせた額が最大になる貿易相手国であり、2000年と比較すると5倍以上となった。

② アメリカに対しては、輸出総額に占める輸出金額の割合、輸入総額に占める輸入金額の割合のいずれについても、2000年より2017年の方が小さくなった。

③ EUとの貿易は、いずれの年も日本の貿易黒字となっている。

④ 輸入総額に占める輸入金額の割合が、2000年よりも2017年の方が大きくなったのは中国とアメリカである。

⑤ 輸出総額と輸入総額を比較すると、いずれの年も日本は貿易黒字となっており、2000年より2017年の方が、黒字が拡大している。

問5　日本の地形と地震の関係について、①～⑤の中から、最も適当なものを選び、その番号をマークしなさい。

解答番号は **5** です。

① 日本は、環太平洋造山帯とアルプス・ヒマラヤ造山帯の境に位置しているため、地震が多い。

② 愛知県と富山県を結ぶ線を境として、山脈は大きく向きを変えており、中央構造線とよばれる地形があり、地震を引き起こす活断層が集まっている。

③ 1995年の阪神・淡路大震災を引き起こした兵庫県南部地震は、フォッサマグナにある活断層の集まりによって起こった。

④ 2011年の東日本大震災を引き起こした東北地方太平洋沖地震は、プレートがしずみこむ境目の海溝で起こるプレート境界型（海溝型）の地震に当たる。

⑤ 日本海にある南海トラフ沿いでは、巨大な津波をともなう大地震がくり返し発生してきた。

問6　名城太郎さんは、修学旅行の事前学習のため、九州・沖縄地方の特徴を調べて、県別の表を作成した。表の県名Ａ～Ｆのうち熊本県と大分県に当たる記号の組み合わせとして、①～⑤の中から、最も適当なものを選び、その番号をマークしなさい。

解答番号は **6** です。

県名	人口（千人）	米の収穫量（t）	飼養頭羽数			源泉数
			肉用牛（頭）	豚（頭）	にわとり（千羽）	
A	5,107	181,700	21,900	82,600	1,280	433
B	1,765	175,500	127,000	275,300	3,183	1,352
C	1,626	99,100	329,400	1,272,000	26,743	2,764
D	1,443	2,190	73,600	225,800	684	15
長崎	1,354	57,400	77,100	193,400	2,812	199
E	1,152	106,300	48,900	137,600	2,502	4,385
F	1,089	81,300	245,000	822,200	28,424	205
佐賀	824	130,600	51,700	84,000	3,806	183

（『データで見る県勢2019』より作成）

① 熊本県－Ｂ　　大分県－Ｅ

② 熊本県－Ｃ　　大分県－Ｆ

③ 熊本県－Ｃ　　大分県－Ｅ

④ 熊本県－Ｄ　　大分県－Ｂ

⑤ 熊本県－Ｆ　　大分県－Ｃ

問７　地形図１は1923（大正12）年、地形図２は2008（平成20）年に発行された名古屋城周辺の地形図の一部である。地形図１・地形図２を比較して読み取れることとして、①～⑤の中から、最も適当なものを選び、その番号をマークしなさい。

解答番号は［７］です。

地形図１

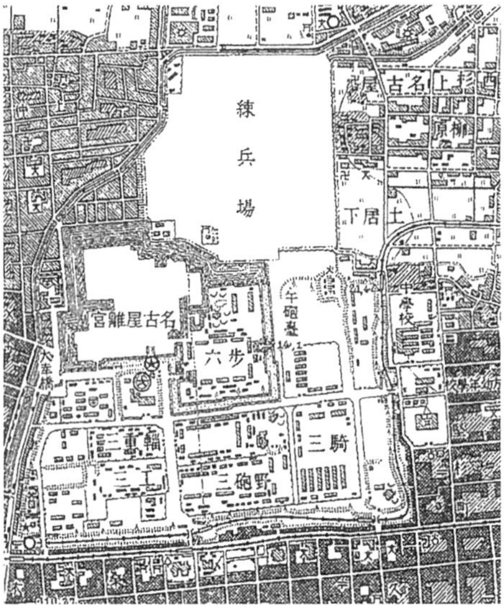

地形図２

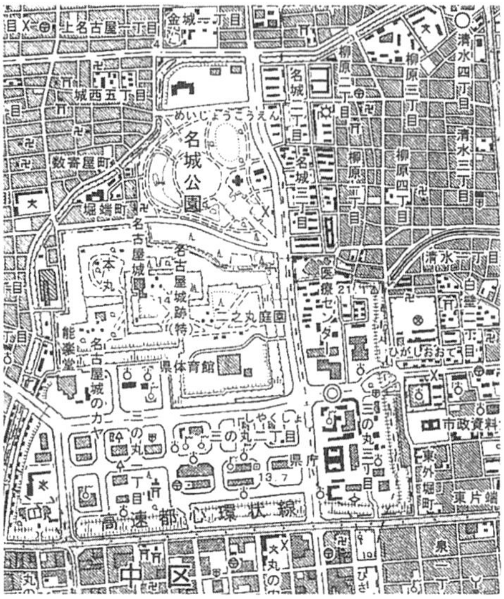

地形図１は、大日本帝国陸地測量部発行２万５千分の１地形図「名古屋北部」より作成
地形図２は、国土地理院発行２万５千分の１地形図「名古屋北部」より作成

①　市役所の位置が変わっていないことが読み取れる。

②　地形図１の練兵場の東に広がる田は、地形図２でもそのまま広がっていることが読み取れる。

③　地形図２の三の丸一丁目から二丁目にかけては、かつて工場地帯があったことが地形図１から読み取れる。

④　地形図２の三の丸二丁目の南側には、かつて鉄道の駅があったことが地形図１から読み取れる。

⑤　地形図２で裁判所がある場所には、かつて寺院があったことが地形図１から読み取れる。

2　次の問１～問11に答えなさい。

問１　古代中国に関する記述として、①～⑤の中から、最も適当なものを選び、その番号をマークしなさい。

解答番号は［ 8 ］です。

① 中国では紀元前4000年より前に農耕文明が生まれ、同時期に黄河や長江の付近で青銅器が作られるようになった。

② 紀元前1600年ごろ成立した殷では、亀の甲や牛の骨に彫られた象形文字が使われていたことが確認できる。

③ 周は異民族の侵入を防ぐため、万里の長城を築いた。

④ ３世紀ごろ中国は魏・呉・蜀の三国が分立したが、秦の始皇帝はこれを統一した。

⑤ 漢が領土を中央アジアまで広げた結果、シルクロードが開かれ西方の文物が中国にもたらされた。

問２　下の写真は相沢忠洋が発見した遺跡から出土した石器である。この石器が発見された遺跡の場所として、地図中の①～⑤の中から、最も適当なものを選び、その番号をマークしなさい。

解答番号は［ 9 ］です。

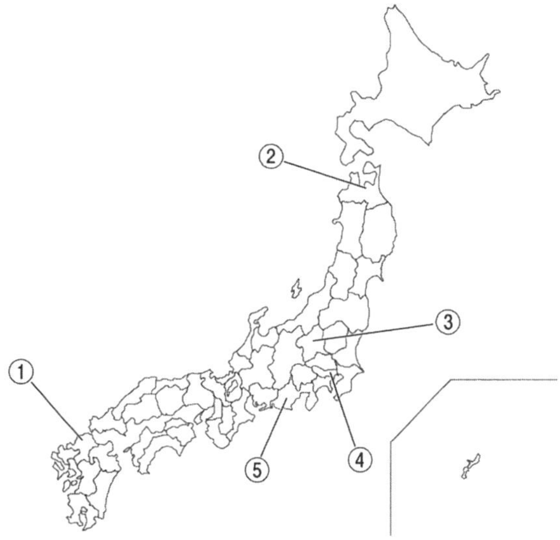

問3　3世紀～6世紀の日本と朝鮮半島に関する記述として、①～⑤の中から、最も適当なものを選び、その番号をマークしなさい。
解答番号は［10］です。

① 大和政権は高句麗と手を組んで百済と戦い、その様子が高句麗の好太王碑に記されている。
② 須恵器は渡来人によって日本列島に伝えられ、それが発展して弥生土器となった。
③ 稲荷山古墳出土の鉄剣や江田船山古墳出土の鉄刀から、5世紀の日本列島には少なくとも2つの政権があったことがわかる。
④ 古墳内部の石室や棺には、初めは祭りの道具が納められていたが、後には鉄製の武器や農具が納められるようになった。
⑤ 朝鮮半島は小国に分かれていたが、6世紀には高句麗がこれを統一した。

問4　下の史料は、御成敗式目の一部を要約したものである。空欄〔 A 〕～〔 D 〕に当てはまる語・数字の組み合わせとして、①～⑤の中から、最も適当なものを選び、その番号をマークしなさい。
解答番号は［11］です。

一　諸国の〔 A 〕の仕事は、御家人の〔 B 〕を守る義務を指揮・催促すること、謀反や殺人などの犯罪人を取り締まることである。
一　〔 C 〕は荘園の年貢を差し押さえてはいけない。
一　〔 D 〕年以上継続してその地を支配していれば、その者の所有になる。

① 〔A〕地頭　〔B〕京都　〔C〕守護　〔D〕20
② 〔A〕守護　〔B〕京都　〔C〕地頭　〔D〕30
③ 〔A〕守護　〔B〕京都　〔C〕地頭　〔D〕20
④ 〔A〕守護　〔B〕鎌倉　〔C〕地頭　〔D〕30
⑤ 〔A〕地頭　〔B〕鎌倉　〔C〕守護　〔D〕30

問5　室町時代の文化に関する記述として、①～⑤の中から、最も適当なものを選び、その番号をマークしなさい。

解答番号は 12 です。

① 銀閣は２層からなり、金閣と同様、層ごとに建築様式が異なる。

② 応仁の乱の頃、千利休は、質素なわび茶の作法を完成させた。

③ 足利義政の保護を受けた観阿弥・世阿弥親子は、能を大成させた。

④ 浄土真宗の僧を中心に墨一色で自然などを表現する水墨画が描かれた。

⑤ 和歌の上の句と下の句を別々の人が読みつなぐ川柳が、京都の貴族を中心に流行した。

問6　大航海時代に関する記述として、①～⑤の中から、最も適当なものを選び、その番号をマークしなさい。

解答番号は 13 です。

① ポルトガル人は北アメリカ大陸に渡って先住民を武力で制圧し、植民地を築いた。

② マゼランはアフリカ南端の喜望峰を回って、直接インドに行く航路を開いた。

③ ヨーロッパ人はアフリカの香辛料を直接手に入れるべく、航路を開いた。

④ スペイン人は17世紀に東インド会社を設立した。

⑤ ヨーロッパにじゃがいもやトマトが伝わり、食生活が大きく変わった。

問7　江戸時代の北海道と沖縄について述べた記述として、①～⑤の中から、最も適当なものを選び、その番号をマークしなさい。

解答番号は 14 です。

① 長州藩は琉球との密貿易を行って財政を再建した。

② 17世紀後半、アイヌの人々は首長のコシャマインを中心に松前藩と戦い、敗れた。

③ 将軍の代替わりごとに、幕府から琉球へ使節が送られた。

④ 18世紀、ラクスマンが大黒屋光太夫を連れて根室に来航した。

⑤ 琉球ではにしん、こんぶ漁がさかんになり、それらは俵物として中国に送られた。

令和３年度　名城大学附属高等学校　一般入学試験　問題

第５時限　　社　会　（30分）

注　　意

1　この試験は全問マークシート方式です。次の説明文を読み、間違いのないように記入しなさい。

① 解答用紙にマークをするには、ＨＢの黒鉛筆を使用しなさい。
② 監督者の指示で、解答用紙の氏名欄に漢字で名前を書き、フリガナをカタカナでつけなさい。
③ 次に、受験番号を記入し、その下の欄に、右の例にならって正確にマークしなさい。
④「開始」の指示で、解答を始めなさい。
⑤ 問題用紙は１ページから17ページまであります。
⑥ 問題は **1** から **4** まであります。
解答番号は [1] から [28] まであります。解答記入欄を間違えないように、例にならって正確にマークしなさい。
⑦ 訂正するときは、プラスチック製消しゴムでていねいに消し、消しくずをシート上に残さないこと。
⑧ 所定の記入欄以外には、何も記入しないこと。
⑨ 解答用紙を汚したり折り曲げたりしないこと。
解答用紙が汚れていたり、折り目があったりしたときは、試験の監督者に申し出なさい。

2　問題の内容についての質問には応じません。
印刷の文字が不鮮明なときは、静かに手をあげ、試験の監督者に聞きなさい。

3　答案を書き終わった人は、解答用紙を裏返しにして置きなさい。

4「終了」の指示で、書くことをやめ、解答用紙と問題用紙を別々にして机の上に置きなさい。
（問題用紙は持ち帰ってください。）

例

氏名欄の記入例

フリガナ	メイジョウ　タロウ
氏　名	名　城　太　郎

受験番号の記入例
「10310」
の場合⇨

受験番号				
1	0	3	1	0
	●	⓪	⓪	●
●	①	①	●	①
②	②	②	②	②
③	③	●	③	③
	④	④	④	④
	⑤	⑤	⑤	⑤
	⑥	⑥	⑥	⑥
	⑦	⑦	⑦	⑦
	⑧	⑧	⑧	⑧
	⑨	⑨	⑨	⑨

マーク記入の例⇨

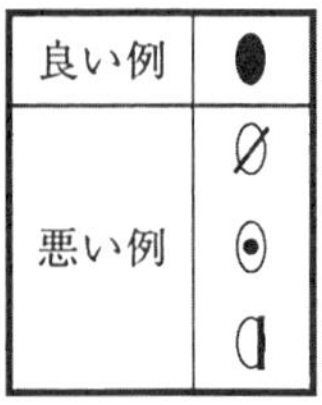

1 次の各英文の、(　　) に入る語 (句) はどれですか。①～⑤の中から、最も適当なものを選び、その番号をマークしなさい。

問1　There (　　) some information at the counter.　　解答番号は [1] です。

① is　② do　③ am　④ be　⑤ are

問2　I want (　　) to the beach.　　解答番号は [2] です。

① going　② to going　③ go　④ to go　⑤ went

問3　Let's buy this one (　　) that one.　　解答番号は [3] です。

① because　② in case of　③ instead of　④ as　⑤ until

問4　This song (　　) by young people.　　解答番号は [4] です。

① is loved　② is love　③ is loving　④ love　⑤ loves

問5　Look at the (　　) baby.　　解答番号は [5] です。

① sleep　② to sleep　③ sleeping　④ is sleeping　⑤ slept

問6　They can (　　) better and safer products.　　解答番号は [6] です。

① produces　② products　③ production
④ produce　⑤ producing

問7　(　　) do you like better, this one or that one?　　解答番号は [7] です。

① What　② How　③ Why　④ Which　⑤ Where

問8　I (　　) a big fan of the band since I was twelve years old.

解答番号は 8 です。

① am　② was　③ have been
④ having been　⑤ have be

問9　Nobody (　　) this singer.　解答番号は 9 です。

① love　② loving　③ are loving　④ is loved　⑤ loves

問10　I enjoyed (　　) soccer with my classmates.　解答番号は 10 です。

① playing　② to play　③ played
④ to have played　⑤ having been played

2　**問1**～**問5**の各日本文に合うように語(句)を並べかえた場合、不足する語がある場合は、その単語の頭文字を①～④の中から選び、その番号をマークしなさい。不足する語がない場合は、⑤の「なし」をマークしなさい。

問1　どんな考えや感情でも、口頭での言語とまさに同じように、手話を用いて表現することができる。

解答番号は 11 です。

Any (be / idea or feeling / can / in / expressed / sign languages / just) in oral languages.

① l　② b　③ c　④ e　⑤ なし

問2　流木からバイオリンを作る考えをどのように思いついたのですか。

解答番号は 12 です。

How did you (the idea / with / driftwood / making / of / from / up / violins / come)?

① o　② s　③ t　④ b　⑤ なし

問 3　留学する若者が増えている。　　　　解答番号は 13 です。

The (abroad / of / studying / young people / increasing / is).

①　n　　②　i　　③　m　　④　t　　⑤　なし

問 4　私の息子は、私が彼に言って初めて彼の仕事を始める。　　　　解答番号は 14 です。

My son (until / his / work / begin / tell / I) him to do it.

①　t　　②　f　　③　s　　④　d　　⑤　なし

問 5　同じ制服を着て、似たように見えるのはつまらない。　　　　解答番号は 15 です。

It (the same uniforms / to / boring / look / is / similar / in).

①　w　　②　f　　③　l　　④　p　　⑤　なし

3　**問 1**～**問 3** の各英文中に不要な文が一つあります。下線部①～⑤の中から、最も適当なものをそれぞれ選び、その番号をマークしなさい。

問 1

A solar cooker can solve a big problem because it does not use any fuel. ①People need a lot of wood to cook every day. ②Collecting wood is hard work, especially for women and children. ③It is an example of renewable energy. With a solar cooker, they do not have to collect wood anymore. ④More than two billion people use wood to heat food. Cutting trees in forests adds to global warming. ⑤If you use one solar cooker, you can save about 550 kilograms of wood every year.

解答番号は 16 です。

問 2

Ghana produces a lot of cacao. It is made into chocolate. ①Many cacao farm workers are very poor because cacao is sold at a low price. They work hard, but they cannot make enough money to live. ②They work under unfair conditions. Many children in Ghana have to work on farms to help their families. ③Some of them have never been to school. ④Fair trade can solve these problems. If you buy fair trade chocolate, more money goes to the workers. ⑤Learning about the people behind the products is another. Your shopping choices can make a difference.

解答番号は 17 です。

問 3

Our body is made of about sixty *trillion *cells. ①In our body, about three thousand bad cells are born every day, but five billion good cells in our body break the bad cells. ②One *experiment shows that the good cells become *active when we laugh. The experiment was done by two doctors in Japan in 1992. ③They asked nineteen people to see a very funny show for three hours in a theater. ④They believed that all of them were impressed with this show. ⑤Before and after the show, the doctors *checked how the good cells in each person became active. And they found that the good cells became more active after the show.

*trillion：1兆　*cells：細胞　*experiment：実験　*active：活発に
*checked how…：どのぐらい…か調べる

解答番号は 18 です。

4 次の英文の、（ A ）～（ F ）に入る表現はどれですか。①～⑤の中から、最も適当なものを選び、その番号をマークしなさい。

One day a lion was sleeping. A *mouse ran over his face and woke him up. The lion was angry. He caught the mouse and said, "(A). That will teach you *not to wake up the *king of animals!"

But the mouse cried, "(B). I didn't want to wake you up. I'm very sorry. Please *let me go. You will be glad some day. If you do this for me, (C)."

The lion laughed at the mouse. "A little animal like you? You can't help a big, strong animal like me." But he also thought, "This mouse really is very small. (D). He's even too small for a *snack." So he let the mouse go.

A few days later, some hunters came and caught the lion. They *tied him to a tree with strong ropes. Then they left him and went to the *village. They wanted to keep the lion and sell him to the zoo. But they needed more men.

The lion *roared and roared. He was very angry, but he couldn't move. The mouse heard the roar and ran to him. "(E)," he said. *Little by little, the mouse cut through the ropes with his *teeth. Soon the lion was free, "Thank you for saving me," said the lion with *gratitude. And they lived together happily ever after. This story tells us that (F).

(adapted from *Aesop's Fables*)

*mouse：ねずみ	*not to …：…しないように	*king：王	*let A go：A を放す
*snack：おやつ	*tied：縛った	*village：村	*roared：ほえた
*little by little：少しずつ	*teeth：歯	*gratitude：感謝	

（ A ）の解答番号は **19** です。

① I don't eat you　② You can eat me　③ Don't eat me
④ You should not eat me　⑤ I'll eat you

令和３年度　名城大学附属高等学校　一般入学試験　問題

第４時限　　英　語　（40分）

注　　意

1　この試験は全問マークシート方式です。次の説明文を読み、間違いのないように記入しなさい。

①　解答用紙にマークをするには、ＨＢの黒鉛筆を使用しなさい。
②　監督者の指示で、解答用紙の氏名欄に漢字で名前を書き、フリガナをカタカナでつけなさい。
③　次に、受験番号を記入し、その下の欄に、右の例にならって正確にマークしなさい。
④　「開始」の指示で、解答を始めなさい。
⑤　問題用紙は１ページから11ページまであります。
⑥　問題は **1** から **6** まであります。
　解答番号は [1] から [39] まであります。解答記入欄を間違えないように、例にならって正確にマークしなさい。
⑦　訂正するときは、プラスチック製消しゴムでていねいに消し、消しくずをシート上に残さないこと。
⑧　所定の記入欄以外には、何も記入しないこと。
⑨　解答用紙を汚したり折り曲げたりしないこと。
　解答用紙が汚れていたり、折り目があったりしたときは、試験の監督者に申し出なさい。

2　問題の内容についての質問には応じません。
　印刷の文字が不鮮明なときは、静かに手をあげ、試験の監督者に聞きなさい。

3　答案を書き終わった人は、解答用紙を裏返しにして置きなさい。

4　「終了」の指示で、書くことをやめ、解答用紙と問題用紙を別々にして机の上に置きなさい。
（問題用紙は持ち帰ってください。）

例

氏名欄の記入例

フリガナ	メイジョウ　タロウ
氏　名	名　城　　太　郎

受験番号の記入例
「10310」
の場合⇨

受験番号				
1	0	3	1	0
	●	⓪	⓪	●
●	①	①	●	①
②	②	②	②	②
③	③	●	③	③
	④	④	④	④
	⑤	⑤	⑤	⑤
	⑥	⑥	⑥	⑥
	⑦	⑦	⑦	⑦
	⑧	⑧	⑧	⑧
	⑨	⑨	⑨	⑨

マーク記入の例⇨

良い例	●
悪い例	

Ⅲ　**図5**のように，保温容器に入れた水を100 V－400 Wのニクロム線で加熱します。この状態でスイッチを入れると，スイッチを切らない限り，水温は上昇し続けます。また，100 V－400 Wとは，100 Vの電圧をかけたときの消費電力が400 Wであることを示しています。

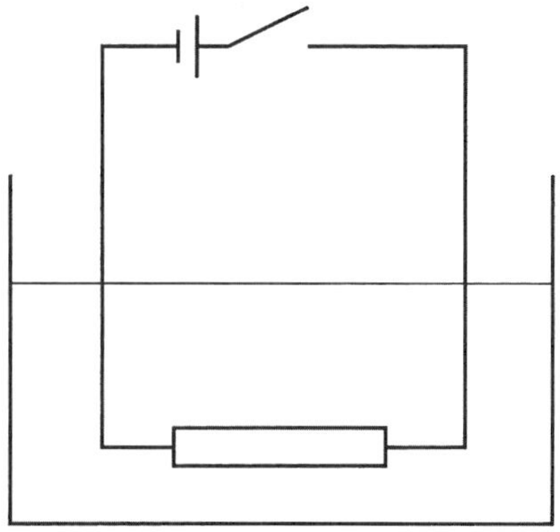

図5

問4　100 V－400 Wのニクロム線に100 Vの電圧をかけたとき，このニクロム線の抵抗値は何Ωですか。①～⑤の中から，最も適当なものを選び，その番号をマークしなさい。
解答番号は［14］です。

①　5 Ω　　②　10 Ω　　③　15 Ω　　④　20 Ω　　⑤　25 Ω

問5　ニクロム線の抵抗値は，ニクロム線の長さが長くなるほど抵抗は大きくなり，その長さに比例します。この実験に用いた100 V－400 Wのニクロム線を0.6倍の長さにして50 Vの電圧をかけました。このときの消費電力と元の長さの100 V－400 Wのニクロム線に100 Vの電圧をかけたときの消費電力の比はいくらですか。①～⑤の中から，最も適当なものを選び，その番号をマークしなさい。
解答番号は［15］です。

①　3:5　　②　5:3　　③　5:8　　④　5:12　　⑤　12:5

Ⅱ　**図3**は，２種類の電熱線X，Yの両端に加える電圧を変化させ，それぞれに流れる電流の大きさを表したグラフです。この電熱線X，Yを用いて，**図4**のような回路をつくりました。この回路に電圧を加えると，電流計は0.6 Aを示しました。

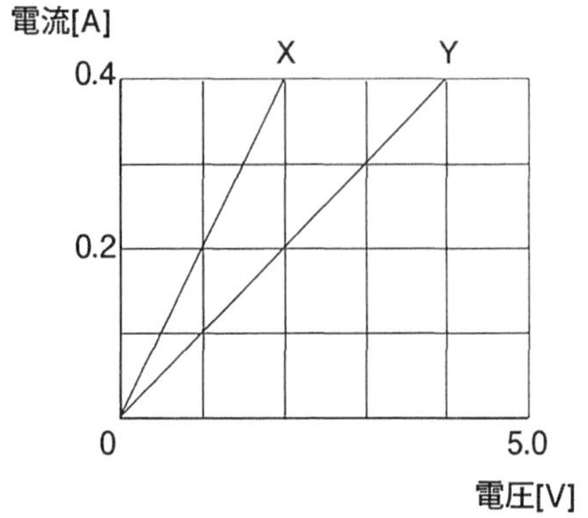

図3

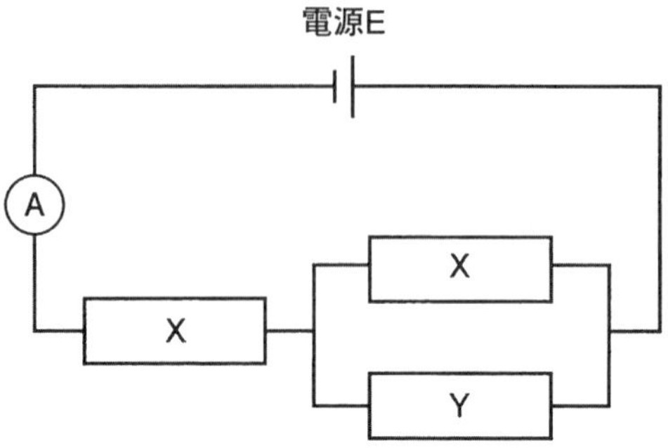

図4

問3　**図4**の回路において，電源Eの電圧は何Vですか。①～⑤の中から，最も適当なものを選び，その番号をマークしなさい。

解答番号は 13 です。

① 2 V

② 3 V

③ 4 V

④ 5 V

⑤ 6 V

2　次のⅠ～Ⅲについて答えなさい。

Ⅰ　抵抗が異なる３種類の豆電球Ｘ，Ｙ，Ｚを用いて，**図１**のような回路Ａと**図２**のような回路Ｂをつくりました。

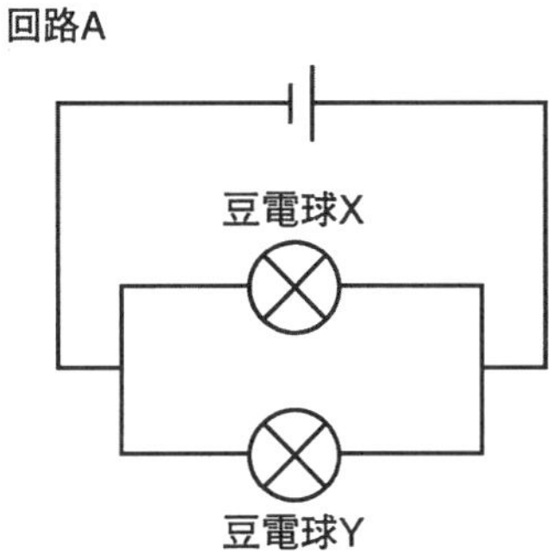

図１

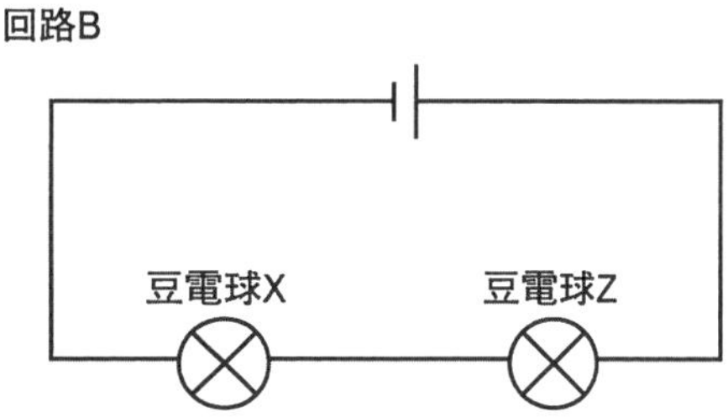

図２

この２種類の回路に同じ電圧をかけたとき，以下の実験結果を得ました。

・回路Ａの豆電球Ｘは，回路Ｂの豆電球Ｘより明るく光った。

・回路Ａの豆電球Ｘを流れた電流は，豆電球Ｙを流れた電流より大きかった。

・回路Ｂの豆電球Ｚにかかった電圧は，豆電球Ｘにかかった電圧より小さかった。

問１　豆電球Ｘ，Ｙ，Ｚの抵抗値を大きい順に並べたものはどれですか。①～⑤の中から，最も適当なものを選び，その番号をマークしなさい。

解答番号は［11］です。

①　Ｘ，Ｙ，Ｚ　　②　Ｘ，Ｚ，Ｙ　　③　Ｙ，Ｘ，Ｚ

④　Ｚ，Ｙ，Ｘ　　⑤　Ｚ，Ｘ，Ｙ

問２　回路Ａと回路Ｂの豆電球Ｘについて，ソケットから豆電球Ｘを取りはずすと，豆電球Ｙと豆電球Ｚの明るさはどうなりますか。①～⑤の中から，最も適当なものを選び，その番号をマークしなさい。

解答番号は［12］です。

①　豆電球Ｙ，豆電球Ｚともに消える。

②　豆電球Ｙは明るくなるが，豆電球Ｚは変わらない。

③　豆電球Ｙは明るくなるが，豆電球Ｚは消える。

④　豆電球Ｙは消えるが，豆電球Ｚは変わらない。

⑤　豆電球Ｙは変わらないが，豆電球Ｚは消える。

問10　名城さんは，冬の暖かい部屋の窓ガラスがくもることに興味を持ち，実験室の窓ガラスがくもる様子を観察しました。次の文は，名城さんが行った観察についてまとめたものです。以下の**表2**は，気温と飽和水蒸気量の関係を示しています。

> はじめ，実験室の室温は16℃，湿度は50%で，実験室の窓ガラスはくもっていなかった。閉め切った実験室内の空気に加湿器を用いて水蒸気を加えていくと，やがて実験室の窓ガラスがくもり始めた。観察をはじめてから窓ガラスがくもり始めるまで外気温は7℃で一定であり，窓ガラスがくもりはじめたときの実験室の室温は17℃であった。

表2　気温と水蒸気の関係

気温　[℃]	7	16	17
飽和水蒸気量　[g/m^3]	7.8	13.6	14.5

観察を始めてから実験室の窓ガラスがくもり始めるまでに，実験室内の空気全体に含まれる水蒸気量はおよそ何g増加したと考えられますか。ただし，実験室の容積は400 m^{3}とし，実験室内の空気1 m^{3}中に含まれる水蒸気量はどの場所でも一定で，実験室内の空気のうち，窓ガラスと接している部分の温度は外気温と等しいものとします。①～⑤の中から，最も適当なものを選び，その番号をマークしなさい。
解答番号は [10] です。

①　220 g　　②　400 g　　③　2720 g　　④　2900 g　　⑤　3120 g

問９　ある地域のボーリング調査の結果を用いて，地層について調べました。**図４**は，地形の断面を模式的に表したものであり，Ｘ，Ｙ，Ｚはボーリング調査をした地点を示しています。**図５**は，Ｘ，Ｙ，Ｚの３地点における地下の地層を柱状図で表したものです。

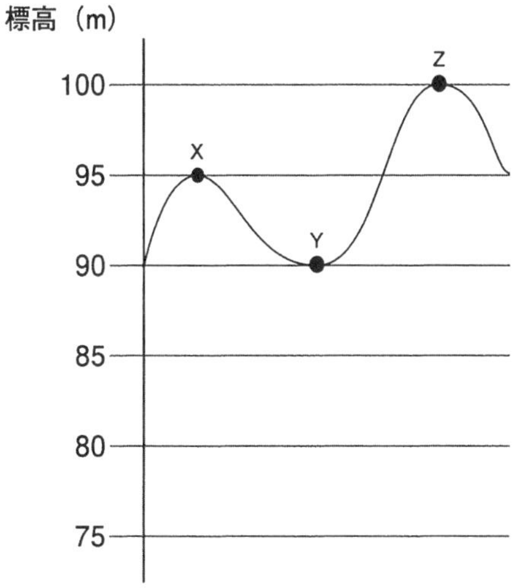

図４

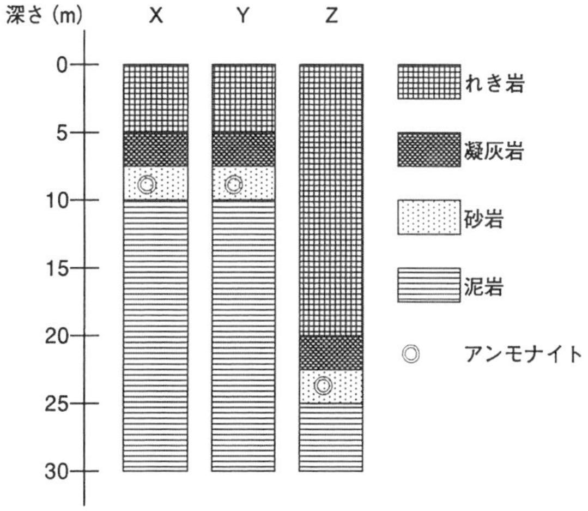

図５

図４，**図５**について，Ｘ，Ｙ，Ｚの３地点における凝灰岩がある層の標高を，それぞれｘm，ｙm，ｚmとしたとき，それぞれの関係を正しく表した文はどれですか。①～⑤の中から，最も適当なものを選び，その番号をマークしなさい。

解答番号は［ ９ ］です。

①　ｘとｙとｚは等しい。

②　ｘはｙより小さく，ｙはｚより大きい。

③　ｘはｙより小さく，ｙはｚより小さい。

④　ｘはｙより大きく，ｙはｚより大きい。

⑤　ｘはｙより大きく，ｙはｚより小さい。

問8　次の表のA～Dは，セキツイ動物の4つのグループの性質を示したものです。グループAにあてはまる動物を正しく組み合わせたものはどれですか。①～⑤の中から，最も適当なものを選び，その番号をマークしなさい。

解答番号は **8** です。

表1

	A	B	C	D
性質1：毛が生えている	×	○	×	○
性質2：子を母乳で育てる	×	○	×	×
性質3：殻《から》に包まれた卵を産む	×	×	○	○
性質4：背骨をもつ	○	○	○	○
性質5：肺で呼吸する時期がある	○	○	○	○

（ア）ネズミ　（イ）カエル　（ウ）イモリ　（エ）ニワトリ　（オ）ヤモリ
（カ）トカゲ　（キ）カラス　（ク）クジラ

① （ア）と（ク）
② （イ）と（ウ）
③ （ウ）と（カ）
④ （エ）と（キ）
⑤ （オ）と（カ）

問７　**図３**は，植物をその特徴により分類したものです。**図３**のＡからＣまでの植物について正しく述べたものはどれですか。①～⑤の中から，最も適当なものを選び，その番号をマークしなさい。

解答番号は［ 7 ］です。

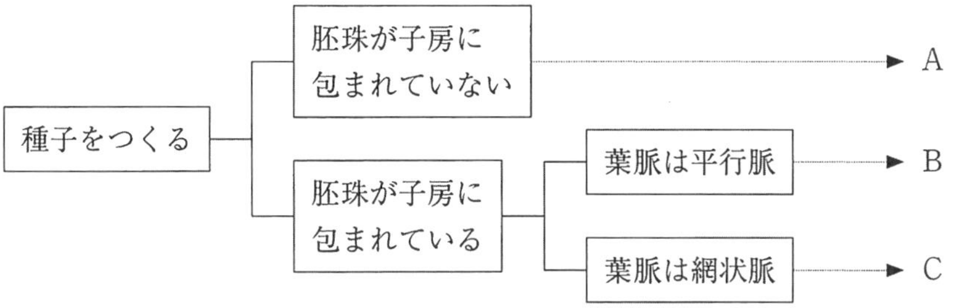

図３

① Ａの植物は被子植物であり，Ｂ，Ｃの植物は裸子植物である。Ｂの植物の子葉は１枚であり，根は主根と側根である。Ｃの植物の子葉は２枚であり，根はひげ根である。

② Ａの植物は被子植物であり，Ｂ，Ｃの植物は裸子植物である。Ｂの植物の子葉は２枚であり，根は主根と側根である。Ｃの植物の子葉は１枚であり，根はひげ根である。

③ Ａの植物は裸子植物であり，Ｂ，Ｃの植物は被子植物である。Ｂの植物の子葉は１枚であり，根はひげ根である。Ｃの植物の子葉は２枚であり，根は主根と側根である。

④ Ａの植物は裸子植物であり，Ｂ，Ｃの植物は被子植物である。Ｂの植物の子葉は２枚であり，根はひげ根である。Ｃの植物の子葉は１枚であり，根は主根と側根である。

⑤ Ａの植物は裸子植物であり，Ｂ，Ｃの植物は被子植物である。Ｂの植物の子葉は２枚であり，根は主根と側根である。Ｃの植物の子葉は１枚であり，根はひげ根である。

問5　質量パーセント濃度が5％の塩酸50 g に水を加えて2％の塩酸をつくるとき，水を何 g 加えればよいですか。①～⑤の中から，最も適当なものを選び，その番号をマークしなさい。
解答番号は［ 5 ］です。

① 55 g
② 60 g
③ 65 g
④ 70 g
⑤ 75 g

問6　化学かいろは酸化と還元の化学反応を利用したものであり，その化学反応式は次のように表されます。

$4Fe + 3O_2 + 6H_2O \rightarrow 4Fe(OH)_3$

この化学反応を確かめるため，鉄粉（Fe）10 g と水4.8 g を反応させたところ，鉄粉も水もあまることなく反応し水酸化鉄（$Fe(OH)_3$）が19 g 生成しました。また，使用前後の化学かいろの質量を測定したところ，使用前は48 g，使用後は62.4 g でした。化学かいろの質量の3分の1が鉄粉の質量だとすると，化学かいろには何 g の酸素が化合したと考えられますか。①～⑤の中から，最も適当なものを選び，その番号をマークしなさい。ただし，化学かいろの化学反応は上の式のみが起こるものとします。
解答番号は［ 6 ］です。

① 4.2 g
② 4.8 g
③ 6.7 g
④ 7.7 g
⑤ 14.4 g

問3　異なる材質である２つの物体Ａ，Ｂがあり，どちらも**図１**のような直方体です。また，Ａの質量は90 g，Ｂの質量は360 g です。

この物体Ａ，Ｂを，次の(1)～(3)のように，それぞれ水平な床の上に置いたとき，物体が床をおす圧力の大きさのうち，最も大きい値は最も小さい値の何倍になりますか。①～⑤の中から，最も適当なものを選び，その番号をマークしなさい。

解答番号は [3] です。

(1)　面Ｘを下に置いたとき

(2)　面Ｙを下に置いたとき

(3)　面Ｚを下に置いたとき

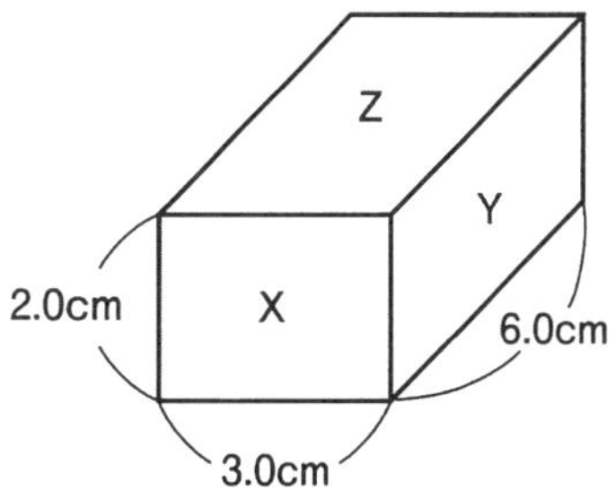

図１

①　２倍

②　３倍

③　４倍

④　６倍

⑤　12倍

問4　**図２**は，ある電車が6.6分間で7.25 km を走行したときの速さと時間の関係を表したものです。

この電車が80 km の駅間の距離を図２と同様に加速し，減速したとすると，所要時間はおよそ何分になりますか。①～⑤の中から，最も適当なものを選び，その番号をマークしなさい。

解答番号は [4] です。

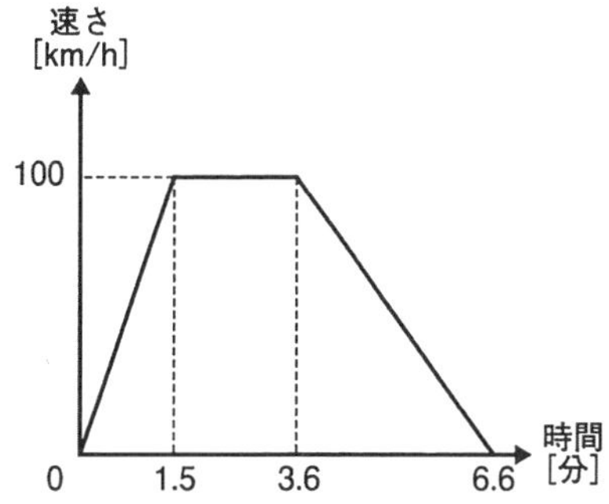

図２

①　46分　　②　50分　　③　55分　　④　66分　　⑤　72分

1　次の各問いに答えなさい。

問1　2020年11月17日，スーパーコンピューター【 A 】が，計算速度を競う世界ランキング「TOP500」で，今年6月に続いて2期連続1位を獲得しました。空欄Aにあてはまる語として正しいものはどれですか。①～⑤の中から，最も適当なものを選び，その番号をマークしなさい。

解答番号は［ 1 ］です。

① 垓
② 富岳
③ 不可思議
④ 不老
⑤ 景

問2　2020年11月16日（日本時間）、野口聡一さんたち4人の宇宙飛行士が搭乗する宇宙船【 B 】が、アメリカ・フロリダ州ケネディ宇宙センターから打ち上げられました。空欄Bにあてはまる語として正しいものはどれですか。①～⑤の中から，最も適当なものを選び，その番号をマークしなさい。

解答番号は［ 2 ］です。

① クルードラゴン
② はやぶさ2
③ リュウグウ
④ ISS
⑤ ASNARO-2

令和３年度　名城大学附属高等学校　一般入学試験　問題

第３時限　　理　科　(30分)

注　　意

1　この試験は全問マークシート方式です。次の説明文を読み、間違いのないように記入しなさい。

①　解答用紙にマークをするには、ＨＢの黒鉛筆を使用しなさい。
②　監督者の指示で、解答用紙の氏名欄に漢字で名前を書き、フリガナをカタカナでつけなさい。
③　次に、受験番号を記入し、その下の欄に、右の例にならって正確にマークしなさい。
④　「開始」の指示で、解答を始めなさい。
⑤　問題用紙は１ページから19ページまであります。
⑥　問題は**1**から**4**まであります。
　解答番号は 1 から 25 まであります。解答記入欄を間違えないように、例にならって正確にマークしなさい。
⑦　訂正するときは、プラスチック製消しゴムでていねいに消し、消しくずをシート上に残さないこと。
⑧　所定の記入欄以外には、何も記入しないこと。
⑨　解答用紙を汚したり折り曲げたりしないこと。
　解答用紙が汚れていたり、折り目があったりしたときは、試験の監督者に申し出なさい。

2　問題の内容についての質問には応じません。
　印刷の文字が不鮮明なときは、静かに手をあげ、試験の監督者に聞きなさい。

3　答案を書き終わった人は、解答用紙を裏返しにして置きなさい。

4　「終了」の指示で、書くことをやめ、解答用紙と問題用紙を別々にして机の上に置きなさい。
(問題用紙は持ち帰ってください。)

例

氏名欄の記入例

フリガナ	メイジョウ　タロウ
氏　名	名　城　　太　郎

受験番号の記入例
「10310」
の場合⇨

受験番号				
1	0	3	1	0
	●	⓪	⓪	●
●	①	①	●	①
②	②	②	②	②
③	③	●	③	③
	④	④	④	④
	⑤	⑤	⑤	⑤
	⑥	⑥	⑥	⑥
	⑦	⑦	⑦	⑦
	⑧	⑧	⑧	⑧
	⑨	⑨	⑨	⑨

マーク記入の例⇨

良い例	●
悪い例	

④ 生徒Ｄ：第十一段落からは信頼という言葉が出てくるね。推薦された本を読んでみようと思うということは、その人のことを信頼している証だね。その場合はほとんどの人が、読んでよかったと思うみたいだよ。

⑤ 生徒Ｅ：第十四段落には、「アマゾンのレビュー」とか「本屋のポップ」のような、親しみやすい単語も出てきたよ。筆者は、難しい内容を、親近感でカバーしようとしているね。

⑥ 生徒Ｆ：親近感というと、ずっと一人称は「ぼく」という表記だね。漢字を使わないことで、柔らかい印象を与えたり、若さへの憧れを表したりしているように思うよ。

問13 本文の内容に合致するものを、①～⑤の中から選び、その番号をマークしなさい。

解答番号は 23 です。

① 筆者は、若いうちは他者に対し、自分の関心領域の広さを見せつけるためだけに労力を使っていたが、歳を重ねてからは、自分を鼓舞するために幅広いジャンルの本を買うようになった。

② 本は、どれもすべて過去に書かれたものであるが、未来を予想して書いたり、こうありたいとする著者の理想の姿を書くものがあったりして、それらを読むことは、未来形の読書と言える。

③ 読んでも分からない難解な本は買わない人が多く、誰もが知る内容の書かれた本がベストセラーになることがあるが、それらは自己肯定欲を満たすためだ。

④ 将来どのような人になりたいかを考える時期に必要なのは、未来形の読書であり、何にも縛られずに、自分が自由に好きなジャンルの読みたい本を読むことは、過去形の読書に分類されている。

⑤ 学校における読書よりも、プライベートな読書の方が心地よく感じるが、それは自分自身と向き合って、将来どうありたいかを見つめる過去形の読書だからだ。

2　次の文章は、鎌倉幕府の引付奉行《ひきつけぶぎょう》（＝訴訟などを扱う役人）の青《あお》砥左衛門《とざえもん》という人物の話です。文章を読んで後の問いに答えなさい。

〔本文〕

ある時、徳宗領《とくそうりやう》に沙汰《さた》出で来て、地下《ちげ》の公文《くもん》と相模守《さがみのかみ》と、訴陳《そちん》につがふ事あり。理非懸隔《りひけんかく》して、公文が申すところ道理なりけれども、奉行・頭人《とうにん》・評定衆《ひやうぢやうしゆ》、皆徳宗領にはばかつて公文を負かしけるを、青砥左衛門ただ一人、権門にも恐れず、ことわりの当たるところをAつぶさに申し立てて、つひに相模守をぞ負かしける。公文不慮《ふりよ》に得利《とくり》して、所帯に安堵《あんど》したりけるが、その恩をア報ぜんとや思ひけむ、銭を三百貫《くわん》、俵《たはら》につつみて、後ろの山よりひそかに青砥左衛門が坪《つぼ》の内へぞ入れたりける。B青砥左衛門これを見て大いに怒り、「沙汰の理非を申しつるは、相模殿を思ひたてまつるゆゑなり。全く地下の公文を引くにあらず。もし引出物《ひきでもの》を取るべくは、上の御悪名《あくみやう》を申し留《とど》めぬれば、相模殿よりこそ、悦《よろこ》びをばし給ふべけれ。沙汰に勝ちたる公文が、引出物をすべき様《やう》なし」とて、一銭をもつひに用ゐず、はるかに遠き田舎《ゐなか》までC持ち送らせてぞ返しける。

またある時、この青砥左衛門、夜に入りて出仕しけるに、いつも燧《ひうち》袋《ぶくろ》に入れて持ちたる銭を十文取りはづして、滑川《なめりがは》へぞ落とし入れたりけるを、少事の物なれば、D「よし、さてもあれかし」とてこそ行き過ぐべかりしが、もつてのほかにあわてて、その辺りの町屋へ人を走らかし、銭五十文を以《もつ》て続松《たいまつ》を十把《じつぱ》買ひて下り、これを燃《とぼ》して、つひに十文の銭をぞ求め得たりける。後日にこれを聞きて、「[X]文の銭を求めんとて、[Y]にて続松を買ひて燃したるは、小利《せうり》大損《たいそん》かな」とイ笑ひければ、青砥左衛門Ⅰ眉をひそめて、「さればこそ御辺《ごへん》達は愚かにて、世の費《つひ》えをも知らず、民を恵む心なき人なれ。銭十文は、ただ今求めずは、滑川の底に沈みて永《なが》く失《う》せぬべし。それがしが続松を買はせつる五十の銭は、商人の家にとどまつて永く失すべからず。わが損は商人の利なり。Eかれとわれと何の差別かある。かれこれ[Z]の銭、一つをも失はず、あに天下の利にあらずや」と、Ⅱ爪弾《つまはじ》きをして申しければ、難じて笑ひつるかたへの人々、Ⅲ舌を振りてぞ感じける。

（『太平記』青砥左衛門賢政の事）

〔現代語訳〕

ある時、徳宗領（＝執権北条氏の領地）で訴訟が起きて、下級の役人と相模守（＝執権）とを、訴訟で争わせることがある。道理に合っていることと、そうでないことがはっきりしていて、役人の申すところが正しい理論であったけれども、評定奉行・引付方の長官・評定衆は、みな徳宗領であることに遠慮して役人を負けにしたが、青砥左衛門はただ一人、権勢のある相手にも恐れず、道理の合致する点を□申し立てて、結局相模守を負けにした。役人は思いがけず利益を得て、領地に安住したが、その恩に報いようと思ったのだろうか、銭を三百貫、俵に包んで、後ろの山からこっそりと青砥左衛門の庭の中へ入れておいた。青砥左衛門はこれを見て大いに怒り、「訴訟が道理にかなっているかいないかを申したのは、（下級の役人ではなく）相模殿を思い申し上げたからである。全く下級の役人をひいきしたのではない。もし贈り物をもらうはずとするならば、幕府の悪評を申しとどめたので、（むしろ）相模殿から、お礼をなさるはずのところだ。訴訟に勝った役人が、贈り物をしなければならない理由はない」と言って、一銭も結局使うことなく、はるかに遠い田舎まで持たせて送り返した。

またある時、この青砥左衛門が、夜になってから出仕したことがあったが、いつも火打袋に入れて持っている銭を十文取り出し損ねて、滑川へ落としてしまったが、少額のものであるので、□が、とんでもなくあわてて、その付近の商家へ人を走って行かせ、銭五十文でたいまつを十把買って（川へ）下り、これを燃やして、結局十文の銭を探し出した。後日（人が）この話を聞いて、「□文の銭を探そうとして、□文でたいまつを買って燃やしたのは、小利大損であることよ」と笑ったところ、青砥左衛門は眉をひそめて、「それだからあなた方は愚かで、世の中の損失もわからず、人々を憐《あわ》れむ心のない人なのだ。銭十文は、その時すぐに探さなければ、滑川の底に沈んでずっと失われてしまうに違いない。（それに対して）私がたいまつを買わせた五十文の銭は、商人の家にとどまってずっと失われないだろう。私の損失は商人の利益である。商人（の利益）と私（の損失）とどのような差があるだろうか、いや、差はない。あちらとこちらと（合わせて）□文の銭を、一銭も失わず、どうして（それが）天下の利益ではないのか、いや、天下の利益である」と、爪弾きをして申したので、非難して笑っていた周囲の人々は、舌を震わせて感じ入った。

問1　傍線部**ア**「報ぜん」、**イ**「笑ひけれ」の主語として最も適当なものを、①～⑥の中からそれぞれ選び、その番号をマークしなさい。ただし、同じ番号を二度選ぶことはできません。

解答番号は**ア**が 24 、**イ**が 25 です。

① 地下の公文
② 相模守
③ 青砥左衛門
④ 商人
⑤ かたへの人々
⑥ 作者

問2　傍線部**A**「つぶさに」という言葉は、現在も使われています。最も適当な使い方をしている文章を、①～⑤の中から選び、その番号をマークしなさい。

解答番号は 26 です。

① 今朝はつぶさに冷え込みが厳しい。
② 咲いている花をつぶさに観察する。
③ 今日の夕飯をつぶさに食べる。
④ 友人に借りた本をつぶさに扱う。
⑤ 三年後に会うことをつぶさに約束する。

問3　傍線部**B**「青砥左衛門これを見て大いに怒り」とありますが、なぜ「大いに怒」ったのですか。最も適当なものを、①～⑤の中から選び、その番号をマークしなさい。

解答番号は 27 です。

① 地下の公文に有利な判定をしたが、それでお礼をもらうと相模守をさらに怒らせてしまうから。
② 相模守のために公平に判定をしたのに、その相模守からは何のお礼も贈られていないから。
③ 地下の公文に偏った判定をした訳でもないのに、その役人からお礼をもらうのは間違っているから。
④ どちらにも公平な判定をしたので、片方からお礼をもらうともう片方も贈らなくてはいけなくなるから。
⑤ 地下の公文が勝ちという判定をしたが、本当は相模守の方が正しいと思っているから。

問4　傍線部C「持ち送らせてぞ返しける」とありますが、何を「持ち送らせ」たのですか。最も適当なものを、①～⑤の中から選び、その番号をマークしなさい。

解答番号は 28 です。

① 青砥左衛門が相模守に贈った手紙
② 相模守が地下の公文に贈ったおわびの品
③ 青砥左衛門が地下の公文に贈った資金
④ 地下の公文が青砥左衛門に贈ったお礼のお金
⑤ 相模守が青砥左衛門に贈ったお礼の品

問5　傍線部D「『よし、さてもあれかし』とてこそ行き過ぐべかりし」とありますが、これは一般的な人の発言・行動を予測したものです。傍線部Dの内容として最も適当なものを、①～⑤の中から選び、その番号をマークしなさい。

解答番号は 29 です。

①「よいよい、きっと誰かの役に立つだろう」と言って、その場を立ち去る。
②「どうしたものか、困ってしまった」と言って、拾う方法を考えながら歩く。
③「仕方がない、このようなこともある」と言って、そのまま通り過ぎる。
④「いやはや、こだわるのも恥ずかしい」と言って、気にしないふりをする。
⑤「これは大変だ、なんとかしなければ」と言って、助けを呼びに行く。

問6　空欄X～Zに入る数字の組み合わせとして最も適当なものを、①～⑤の中から選び、その番号をマークしなさい。

解答番号は 30 です。

① X…十　Y…五十　Z…五十
② X…十　Y…六十　Z…五十
③ X…十　Y…五十　Z…六十
④ X…五十　Y…十　Z…六十
⑤ X…五十　Y…六十　Z…十

問7 傍線部E「かれとわれと何の差別かある」とありますが、青砥左衛門の発言の主旨を説明したものとして最も適当なものを、①~⑤の中から選び、その番号をマークしなさい。
解答番号は 31 です。

① 商人の利益と私の損失という違いはあるが、銭の大小もこの際関係のないことである。

② 市民の平等という観点から、商人の利益と私の損失は同じようなものである。

③ 天下の利益という観点で見れば、商人の利益と私の損失は区別するべきではない。

④ 商人の利益と私の損失が同じであるように、銭と続松の価値も同じである。

⑤ 銭と続松の価値に差をつけるならば、それは人の身分に差をつけることと同じである。

問8 次に示すのは、本文を読んだ中学生が、傍線部Ⅰ~Ⅲの慣用表現について話し合っている場面です。これについて六人の生徒から出された発言のうち適当なものを、①~⑥の中から**二つ選び**、それぞれその番号をマークしなさい。解答の順序は問いません。
解答番号は 32 、 33 です。

① 生徒A:本文には、いくつかの慣用表現が使われているね。傍線部Ⅰ「眉をひそめて」とあるから、青砥左衛門は悲しんでいるんだね。

② 生徒B:それは違うと思うよ。眉をひそめるのは、他人に対して嫌な気持ちを感じたときにする仕草じゃなかったかな。

③ 生徒C:傍線部Ⅱ「爪弾きをして」は、今も「新芽を爪弾きする」のように使うね。多すぎるものを、少しだけ残してつまみ取ってしまうことだよね。

④ 生徒D:人々に「爪弾きをして」申すというのは、自分の意見を元々分かってくれる人は、聞かなくてもいいと遠ざけたという意味になるかな。

⑤ 生徒E:最後に出てきた傍線部Ⅲ「舌を振りて」は、どういう意味だろうか。「舌を巻く」と似た意味で、とても驚いて感心する状態のことかな。

⑥ 生徒F:子どもがけんかをしたときに舌を出すよね。それと同じで、ばかにするとまでは言わないけれど、恥ずかしくて照れ隠しの意味もあるのかもしれないよ。

問9 本文から読み取ることができる、青砥左衛門の人物像の説明として最も適当なものを、①～⑤の中から選び、その番号をマークしなさい。

解答番号は 34 です。

① 権力に対しても恐れることなく対応し、広い視野を持って考えることができ、自分の損得だけではなく、合理的に対処する人物。

② 力のある人物に対しては、必ずしも公平な立場で判断をするとは言えず、時には自分の利益よりも、他人の利益を優先する一面もある人物。

③ 相手の権力によって結論を変えるので、常に公平であるとは言えないが、商人に対しては自分が損をしてでも得をさせようという人物。

④ 幕府に関係する事柄についても、両方の意見を聞いて考えることができ、自分に損害があるように見えるが、最終的には得をしている人物。

⑤ 相手が誰であろうとも、自分の信念を持って対応することができる一方で、急な出来事には動揺するような、人間らしさをあわせ持つ人物。

2021(R3) 名城大学附属高
教英出版

3　1 個のさいころを 2 回投げ，1 回目に出た目を X，2 回目に出た目を Y とする。
次の問いに答えなさい。

(1)　$3X - 2Y = 1$ となる確率は $\dfrac{\boxed{ア}}{\boxed{イ}\boxed{ウ}}$ である。

(2)　$n = 10X + Y$ とするとき，n が素数となる確率は $\dfrac{\boxed{エ}}{\boxed{オ}}$ である。

2 下の図のように，3つの関数 $y = \dfrac{a}{x}$ $(a < 0)$ …①，$y = bx^2$ $(b > 0)$ …②，$y = cx^2$ $(c < 0)$ …③のグラフがある。点Aは関数①，②のグラフの交点で，点Aの x 座標は -1 である。点Bは関数①，③のグラフの交点で，点Bの x 座標は2である。また，直線ABの傾きは -1 である。次の問いに答えなさい。

(1) $a =$ ［ア］［イ］，$b =$ ［ウ］，$c = \dfrac{［エ］［オ］}{［カ］}$ である。

(2) 点Cは曲線②上にあり，x 座標は正，y 座標は $\dfrac{9}{2}$ である。また，△ABCと△APCの面積が等しくなるように曲線③上に点Bと異なる点Pをとるとき，点Pの座標は（［キ］［ク］，［ケ］［コ］）である。

(3) x 軸，y 軸で作られた座標軸において，x 座標と y 座標の値がともに整数である点を格子点と呼ぶ。

(2)のとき，点Pを通り y 軸と平行となる直線と x 軸との交点をQとし，線分PQ上の格子点を動く点をLとする。点Lは点Pを出発し，線分PQ上を1秒ごとに1つ上の格子点に進む。また，点Lを通り x 軸と平行な直線と y 軸との交点をM，直線LMと曲線①の交点をNとする。このとき，LM：MN = 9：1となるのは，点Lが点Pを出発して［サ］秒後である。

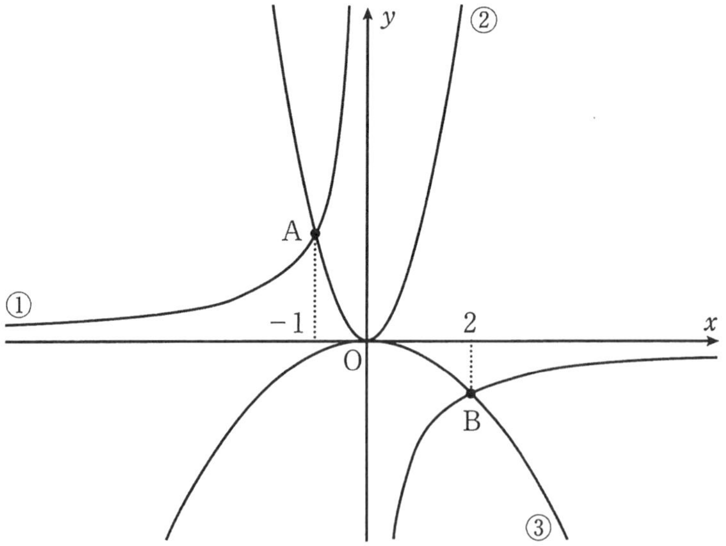

1 次の問いに答えなさい。

(1)　$-1.25\times(-0.6)^3\times\left(\dfrac{1}{3}-\dfrac{3}{5}\right)^2\div\dfrac{4}{15^2}=\dfrac{\boxed{\text{ア}}\,\boxed{\text{イ}}}{\boxed{\text{ウ}}\,\boxed{\text{エ}}}$ である。

(2)　$(1-\sqrt{2})^2+\dfrac{2}{3\sqrt{2}}+(\sqrt{2}+1)^2=\dfrac{\boxed{\text{オ}}\,\boxed{\text{カ}}+\sqrt{\boxed{\text{キ}}}}{\boxed{\text{ク}}}$ である。

(3)　二次方程式 $x^2+ax+b=0$ の解が -6 と 2 であるとき,

$a=\boxed{\text{ケ}}$, $b=\boxed{\text{コ}}\,\boxed{\text{サ}}\,\boxed{\text{シ}}$ である。

(4)　$\sqrt{2021+47n}$ の値が自然数となるような最小の自然数 n は, $n=\boxed{\text{ス}}$ である。

(5)　下の図において, OA = OB, $\ell\,/\!/\,m$ のとき, $\angle x=\boxed{\text{セ}}\,\boxed{\text{ソ}}^\circ$ である。

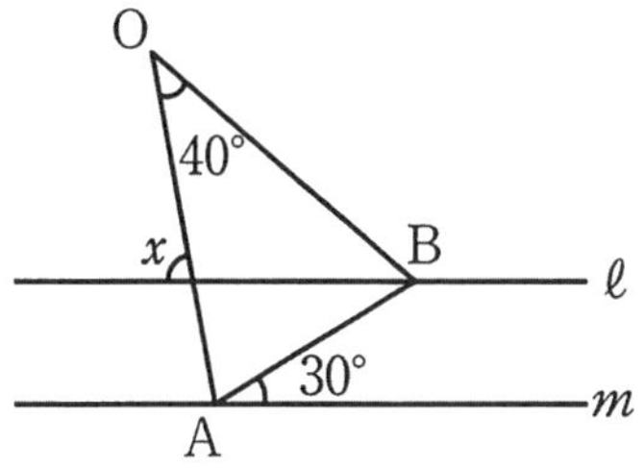

(6)　ある 10 の地点で水温を測定し, 中央値を求めたところ, 5 であった。ところが, その中のデータを 1 つ消失してしまったため, 9 つのデータが残った。残ったデータは次の通りである。

3, 0, 1, 4, 4, 6, 12, 6, 9 (℃)

このとき, 消失したデータの値は $\boxed{\text{タ}}$ 通りの可能性がある。

ただし, 消失したデータの値は, 0 以上 12 以下の整数である。

(7)　$x-y=5$ のとき, $x^2-2xy-10x+y^2+10y-3$ の値は $\boxed{\text{チ}}\,\boxed{\text{ツ}}\,\boxed{\text{テ}}$ である。

令和３年度　名城大学附属高等学校　一般入学試験　問題

第１時限　　数　学　（40分）

注　　意

1　この試験は全問マークシート方式です。次の説明文を読み、間違いのないように記入しなさい。

①　解答用紙にマークをするには、ＨＢの黒鉛筆を使用しなさい。
②　監督者の指示で、解答用紙の氏名欄に漢字で名前を書き、フリガナをカタカナでつけなさい。
③　次に、受験番号を記入し、その下の欄に、右の例にならって正確にマークしなさい。
④「開始」の指示で、解答を始めなさい。
⑤　問題用紙は１ページから７ページまであります。
⑥　問題は１から５まであります。解答記入欄を間違えないように、例にならって正確にマークしなさい。

⑦　数学解答上の注意

数学については、問題文中の $\boxed{\text{ア}}$、$\boxed{\text{イ}}$ などの $\boxed{}$ には、特に指示のない限り、数値または符号（－）が入ります。これらを次の方法で解答記入欄にマークしなさい。

(1) ア・イ・ウ………の一つ一つは、それぞれ０から９までの数字または（－）のいずれか一つに対応します。それらをア・イ・ウ…で示された解答記入欄にマークします。

(例)　$\boxed{\text{ア}}\boxed{\text{イ}}$ に「－４」と答えるとき

	ア	●	⓪	①	②	③	④	⑤	⑥	⑦	⑧	⑨
	イ	⊖	⓪	①	②	③	●	⑤	⑥	⑦	⑧	⑨

(2) 分数や無理数の形で解答が求められているときは、最も簡単な形で答えなさい。（－）の符号は分子につけ、分母につけてはいけません。

(例)　$\dfrac{\boxed{\text{ウ}}\boxed{\text{エ}}}{\boxed{\text{オ}}}$ に「$-\dfrac{8}{5}$」と答えるとき

	ウ	●	⓪	①	②	③	④	⑤	⑥	⑦	⑧	⑨
	エ	⊖	⓪	①	②	③	④	⑤	⑥	⑦	●	⑨
	オ	⊖	⓪	①	②	③	④	●	⑥	⑦	⑧	⑨

(3) 定規、分度器、コンパスは使用できません。

例

氏名欄の記入例

フリガナ	メイジョウ　タロウ
氏　名	名　城　　太　郎

受験番号の記入例
「10310」
の場合⇨

受験番号				
1	0	3	1	0
	●	⓪	⓪	●
●	①	①	●	①
②	②	②	②	②
③	③	●	③	③
	④	④	④	④
	⑤	⑤	⑤	⑤
	⑥	⑥	⑥	⑥
	⑦	⑦	⑦	⑦
	⑧	⑧	⑧	⑧
	⑨	⑨	⑨	⑨

マーク記入の例⇨

良い例	●
悪い例	⌀
	⊙
	◐

⑧　訂正するときは、プラスチック製消しゴムでていねいに消し、消しくずをシート上に残さないこと。
⑨　所定の記入欄以外には、何も記入しないこと。
⑩　解答用紙を汚したり折り曲げたりしないこと。
解答用紙が汚れていたり、折り目があったりしたときは、試験の監督者に申し出なさい。

2　問題の内容についての質問には応じません。
印刷の文字が不鮮明なときは、静かに手をあげ、試験の監督者に聞きなさい。

3　答案を書き終わった人は、解答用紙を裏返しにして置きなさい。

4「終了」の指示で、書くことをやめ、解答用紙と問題用紙を別々にして机の上に置きなさい。

（問題用紙は持ち帰ってください。）

＃教英出版 編集部　注
編集の都合上、計算用紙は省略しています。